教育部人文社会科学研究规划基金项目（10YJA730007）

佛教比喻经典丛书

众经撰杂譬喻注译与辨析

荆三隆 邵之茜 · 著

中国社会科学出版社

图书在版编目(CIP)数据

众经撰杂譬喻注译与辨析/荆三隆、邵之茜著.—北京：中国社会科学
出版社，2012.11

ISBN 978 – 7 – 5161 – 1360 – 8

Ⅰ.①众…　Ⅱ.①荆…　②邵…　Ⅲ.①佛教—比喻—思想评论
Ⅳ.①B948

中国版本图书馆 CIP 数据核字（2012）第 221069 号

出　版　人	赵剑英	
选题策划	胡　靖	
责任编辑	林福国	
责任校对	李　莉	
责任印制	王　超	

出　　　版	中国社会科学出版社
社　　　址	北京鼓楼西大街甲 158 号（邮编 100720）
网　　　址	http://www.csspw.cn
	中文域名:中国社科网　　010 – 64070619
发 行 部	010 – 84083685
门 市 部	010 – 84029450
经　　　销	新华书店及其他书店

印刷装订	三河市君旺印装厂
版　　次	2012 年 11 月第 1 版
印　　次	2012 年 11 月第 1 次印刷

开　　本	710×1000　1/16
印　　张	18
插　　页	2
字　　数	234 千字
定　　价	45.00 元

目　录

导言…………………………………………………………（1）

一　智者布施喻…………………………………………（1）

二　菩萨以身施鸽喻……………………………………（5）

三　二鬼相诤喻…………………………………………（9）

四　持戒喻……………………………………………（13）

五　贫穷老母布施喻…………………………………（18）

六　财物如毒蛇喻……………………………………（21）

七　道人至诚持戒喻…………………………………（25）

八　人生无常喻………………………………………（28）

九　佛为长者说施喻…………………………………（32）

十　沙弥贪色堕恶道喻………………………………（39）

十一　念佛功德喻……………………………………（43）

十二　放牛人供佛喻…………………………………（47）

十三　长者儿喻………………………………………（51）

十四　诵经得福喻……………………………………（54）

十五　目连与父诤喻…………………………………（59）

十六　蛇听经喻………………………………………（62）

十七　持金恐失喻……………………………………（65）

十八　雀离寺师将沙弥下喻 ……………………………（69）

十九　兄弟二人为沙门喻 …………………………………（73）

二十　比丘被摈喻 …………………………………………（77）

二十一　目连问佛喻 ………………………………………（81）

二十二　妇生子喻 …………………………………………（84）

二十三　咒龙师喻 …………………………………………（89）

二十四　捕鸟师喻 …………………………………………（92）

二十五　贾客入海欲求珍宝喻 ……………………………（95）

二十六　屠儿识宿命喻 ……………………………………（99）

二十七　剖蚌出珠喻 ………………………………………（103）

二十八　导师喻 ……………………………………………（107）

二十九　狮子亲道人喻 ……………………………………（111）

三十　屠儿父死作鬼喻 ……………………………………（115）

三十一　卵致灾疾喻 ………………………………………（119）

三十二　五百盲人因缘喻 …………………………………（122）

三十三　善知识喻 …………………………………………（125）

三十四　佛弟子不杀生喻 …………………………………（129）

三十五　得一子如四子喻 …………………………………（132）

三十六　老母欲随子死喻 …………………………………（136）

三十七　妇杀人子喻 ………………………………………（140）

三十八　雨血喻 ……………………………………………（147）

三十九　鸟听经喻 …………………………………………（152）

四十　老公饮酒喻 …………………………………………（154）

四十一　画中女成王后喻 …………………………………（158）

四十二　父子求金喻 ………………………………………（163）

四十三　帝释与梵天亲善喻 ………………………………（166）

四十四　王梦焚女喻 ………………………………………（170）

四十五　猘狗喻 ……………………………………………（174）

四十六　群牛喻 ……………………………………………（180）

四十七　大鱼事喻 …………………………………………（186）

四十八　人生如旅途喻 ……………………………………（191）

四十九　灌顶王喻 …………………………………………（196）

五十　　医喻 ………………………………………………（201）

五十一　慈氏菩萨所说大乘缘生稻秆喻 …………………（206）

五十二　佛说旧城喻 ………………………………………（224）

五十三　二王喻 ……………………………………………（235）

五十四　交友喻 ……………………………………………（239）

五十五　浮石喻 ……………………………………………（242）

五十六　得宝斧喻 …………………………………………（245）

五十七　鹦鹉救火喻 ………………………………………（248）

五十八　五谷之神喻 ………………………………………（251）

五十九　智慧喻 ……………………………………………（254）

六十　　蛤蟆听经喻 ………………………………………（257）

六十一　兄弟喻 ……………………………………………（260）

六十二　守戒喻 ……………………………………………（263）

六十三　鞭尸体喻 …………………………………………（266）

六十四　舍米得报喻 ………………………………………（269）

六十五　牛愚痴喻 …………………………………………（272）

后记 …………………………………………………………（274）

导　言

　　佛教发轫于古天竺，在长期的发展和演化过程中形成了十分庞大而精密的体系。佛教典籍目前在全球范围内只有汉译本保存得最多、最完整，其中汉译《大藏经》以其所收集的历史文化资料之广博而著称，是其他典籍不可比拟的。佛教经典涉及哲学、历史、文学、艺术、天文、历算、医药、建筑等诸多领域，是包罗宏富的宗教文化古籍，对中国和世界文明都曾产生过极为深远的影响。在成千上万的佛典经卷中，许多经典，如《维摩经》、《法华经》、《佛所行赞》、《百喻经》等，本身就是瑰丽的文学作品，在历史上曾被译为多种文字，其中的比喻故事为人们广为传颂。佛教文学不仅丰富了中国古典小说的创作，其俗讲、变文对后世的平话、戏曲文学的形成，也产生了巨大的影响，为汉语言文学的发展提供了丰富的文化资源。

一　佛教比喻经典的思想内容与特征

　　佛教比喻经典，无论是对历史还是现实生活，都产生过广泛而深远的影响。发掘其思想文化资源，有助于促进社会的祥和安定，使人们在处理各种纷扰的利益关系时，保持互谅和睦；在解决各种社会矛盾时，做到圆融会通。佛教比喻经典内容博大宏赡、系统致密，在千百年的传播中，已经浸润在人们的心灵中，体现在社会生活的各个方面。它不仅展示了广阔的理论空间，同时也构成了一整套修身的独特思想方式，对于为人处世、社会交往具有重要的指导意义，成为人们知行兼备、定慧双运的实践和体验，对中国历代文人以及社会文化心理都产生了深刻的影响。通过对佛教比喻经典的整理，使我们对《大藏经》中所展示的佛教比喻故事有一个整体的、全面的了解。通过系统的注疏和白话文的翻译，可以加深广大读者对佛教比喻经典的理解认识，弘扬佛教文化中的优秀内涵，繁荣社会主义的文化内容。尤其是通过对佛教比喻故事中精彩纷呈的生活画面的分析评论，全面展示了佛教故事中所蕴涵的丰富社会生活内容，这些内容既涵盖了当代社会精神文明建设中的各个方面，也有利于开阔人们的视野。

笔者认为，佛教比喻经典研究在构建和谐社会中的作用体现在方方面面，诸如修身思想与当代社会的关系；对无情有性、珍爱自然的认识与当代的环境保护意识；循循善诱、开悟心识的教化方式；精喻妙比的证理法门；佛教文学作品中的语言特色；比喻中的佛教义理及当代启示；佛教比喻中的典故、成语探究；佛教经典汉译与中国化的演变；释门比喻文学与因缘文学作品的相关讨论；佛教比喻经典与中国古代文学作品的相互联系；以及禅思、佛理在当代文化建设中的表现和作用。这种系统性、整体性的研究是我们的主要创新之处，对个案和具体内容的分析及特异性研究是我们力求的独特之处。

佛教比喻经典尽管卷帙浩繁、形式多样，但仍有规律可循。其突出的特点可以概括为四个字："人"、"物"、"事"、"理"。

"人"是指通过生动的人物形象表现佛教的基本教义，化抽象为具体，使佛教的义理贯彻体现在日常生活的衣食住行之中。

"物"是说以小见大，用我们习以为常的动物、植物以及自然界的一切事物作比喻，从而凸显佛教的伦理思想。它把人生伦理的业力果报与因果轮回学说联系在一起，以达到扬善去恶的目的。其中"三世两重因果论"将人际伦理和自然伦理相互融合，并将其提升到一个极为宽广的时空坐标中加以审视，不仅要求协调好人际关系，还体现了万物平等、代际公平的思想理念，这些思想对于当代社会伦理和社会道德建设可以起到促进作用。

"事"谓之生活常识、社会公理。衣食住行、婚丧嫁娶、爱恨情仇、生老病死，生活中的一切，无不可以入喻。喻语是佛家"因语、果语、因果语、喻语、不应说语、世流布语、如意语"七语之一。佛教以简短有趣的寓言故事、因缘故事弘扬佛法，用通俗而生动的生活语言、生活故事来表现佛教的智慧，往往发人深省、耐人寻味。

"理"意在通过精湛致密的论述方式，用百态纷呈的比喻故事，表现出睿智超妙的思想特征。佛门的喻世论理巧妙细腻、精彩动人，化深奥的玄机为人皆可知的义理，从而达到寄浅训深的效果。佛经在长期的传播中，极大地丰富了汉语的表现能力。大量的佛教比喻经典都十分注重概念的辨析，形成了系统的各种概念和名相。尤其是条分缕析、层层推进的表现手法，以及注重因果，注重过去、现在、未来相互联系的逻辑方式，对中国文学、史学、哲学的论述方法和表达方式都产生了重大的影响。

二 佛教比喻经典的概况与类型

比喻，从文学上说，是一种"借彼喻此"的修辞方法。佛典中大量运用了比喻的手法来论述和阐发佛教义理。在《大藏经》中，比喻经典主要集中在三个部分：

第一部分，阿含部中的六卷单篇的比喻经典，即《咸水喻经》、《箭喻经》、《蚁喻经》、《五阴譬喻经》、《佛说马有八态譬人经》、

《佛说月喻经》各一卷。

第二部分，本缘部中的比喻经。这一部分比较复杂，可以大体上分为以下三个类型：

一是佛陀本生类，以佛陀前世修行故事构成。如《六度集经》八卷，共九十一篇，其中有八十二篇是关于佛陀的比喻故事；《佛本行经》七卷；《佛所行赞》五卷。

二是佛教因缘类，以佛教因果故事为主题。如《撰集百缘经》十卷、《大庄严论经》十五卷、《贤愚经》十三卷、《杂宝藏经》十卷。

三是阐发佛教义理的比喻类。这一类经的形式又可以分为四种：

1. 《旧杂譬喻经》一部两卷，《杂譬喻经》三部四卷，《众经撰杂譬喻》一部两卷，共五部八卷。

2. 由九十八个比喻故事合集的《百喻经》四卷。

3. 由偈言，即诗句组成的比喻经，有《法句譬喻经》四卷。此外，还有与其相似的《出曜经》三十卷，"出曜"梵文意为"譬喻"，全经以阐发佛义为要。

4. 比喻经类的六卷单篇经典。分别是：《猘狗经》、《群牛譬经》、《大鱼事经》、《譬喻经》、《灌顶王喻经》、《医喻经》各一卷。

第三部分，经集部中的两卷，即《慈氏菩萨所说大乘缘生稻秆喻经》一卷（《大正藏》第十六册，第819页上至821页中）、《佛说旧城喻经》一卷（《大正藏》第十六册，第829页上至830页中）。

史传部中的《天尊说阿育王譬喻经》一卷（《大正藏》第五十册，第170页上至第172页上）。

以上三个部分，共计一百二十九卷。

此外，佛典中的比喻层出不穷，如用"空华"、"水月"、"恒沙"来比喻"幻有"、"妄见"、"无量"等抽象概念；喻词迭出，仅以"法"构成的喻词如"法海"、"法云"、"法船"、"法雨"等，就有一百七十余个之多；《圆觉经》中"动目摇湛水"、"定眼回转火"、"云驶月运"、"舟行岸移"的比喻更是脍炙人口；《金刚经》六喻以"如梦、幻、泡、影、露、电"的联喻妙譬来说明一切事物的妄有形态。不仅如此，比喻还是佛典分类的一个组成部分，是佛说十二部（契经、应颂、授记、讽颂、自说、因缘、譬喻、本事、本生、方广、希比、论议）之一。佛典中《维摩经》、《法华经》中的比喻故事也是公认的文学珍品。

三　本丛书的内容、体例

本套丛书是我们承担的"教育部人文社会科学研究规划基金一般项目""佛教比喻经典整理、注译、评介与研究"的成果。

丛书包括《月喻六经》六卷、《旧杂譬喻经》两卷、《杂譬喻经》四卷、《众经撰杂譬喻与医喻九经》十一卷、《杂宝藏经》十卷，共五部书三十三卷佛典的注译、评析与研究。根据我们工作和出版的实际情况，还会有适当的调整。应当指出的是，我们的工作是在前期研究的基础上展开的，借鉴了笔者的已有成果，包括：《佛家名言阐释》、《佛教起源论》、《中国古代文化论稿》、《白话楞伽经》、《白话楞严经》、《印度哲学与佛学》、《儒佛道三家名言品鉴》、《儒释思想比较研究》、《金刚经新注与全译》、《百喻经注释与辨析》、《圆觉经新解》、《佛蕴禅思》、《印度佛学与中国佛学文集》等十三本著述中的相关内容。

我们以《大正藏》作为工作底本，参校其他版本。在体例上，每一篇佛经故事，都有"题解"，然后再按"经文"、"注释"、"译文"、"辨析"的顺序依次进行。因此，每一篇经典或故事，都是以"题解"发端，以"辨析"收尾。

"经文"部分，若过长，则分段标点、注译。对于经文中的异体字、讹字、组合字，一律按原文录出，以保持原貌，并在注释里校正、说明。

"注释"中，对于一词多义、同词别指、异词同义的佛教概念、名相，则予以复注，同一书中已注出的名词、义理，原则上不予复注。第一部书的注释会较为详尽。

"译文"部分，以直译为主，在专有名词已经注释的前提下，兼采意译，以方便阅读。

"辨析"是笔者对佛典的思想与表现形式的解读和心得。

需要说明的是，在注释和辨析部分，笔者不恪守于旧注、旧说，会注重早期佛教的特点，特别是印度文化的特点予以评说。本书谓之著者，意在于此。这套丛书是笔者从事佛教文化研究以来对佛教经典的又一次整理和研究的成果，谬误、疏漏乃至偏颇之处，敬请读者指正。在此，衷心地期望这套佛教比喻经典能够得到读者的喜爱。

荆三隆

2011 年 2 月于西安

智者布施喻

一

【题解】

本文以房屋失火，智者和愚者的不同做法与不同结果，说明了一切无常的佛教喻理，劝诫世人要及时布施、广种福田。

【经文】

智者思惟财物不可久保。譬如失火之家，黠慧之人明识火势，火未至时急出财物。舍虽烧尽，财宝全在。更修屋宅，广开利业。智人植福，勤修布施[1]，亦复如是。

知身危脆，财物无常[2]，遇值福田[3]及时布施。亦如彼人，火中出物，后世受乐；亦如彼人，更修宅业，福利自慰。愚惑之人，但知惜念。匆匆营救，狂惑失智，不量火势猛风绝焰，土石俱燋[4]，须臾之顷荡然灭尽。屋既不救，财物丧失。饥寒冻饿，忧苦[5]毕世。悭惜之人，亦复如是。

不知身命无常，须臾叵保，而便聚敛守护爱惜。死来无期，忽然殒逝，形如土木，财物俱弃。亦如愚人忧苦失计。明慧之人乃能觉悟，知身如幻，财不可保，万物无常，惟福可恃。将人出苦，可得成道。

【注释】

[1] 布施：佛教名词，是六度（六个到彼岸的方法，包括布施、持戒、忍辱、精进、禅定、智慧）之一。布施一般分财布施、法布施、无畏布施三种。

[2] 无常：佛教教义。指世界上的一切现象都处在生、住、异、灭不断变化的长流中，我们所看到的一切现象形态都是暂时的，并非一成不变的，而且最终都要消亡，无一永存。故《无常经》有："未曾有一事，不被无常吞。"常讲的有：刹那无常、相续无常、众生无常、世事无常、世界无常、诸念无常。这种认知，在当时否定了永恒的一切，包括婆罗门教神圣不可动摇的地位，为佛教的发展扫清了思想障碍。

[3] 福田：喻词，比喻产生福德果报的善行。

[4] 燋（jiāo）：引火用的柴；古同"焦"。

[5] 苦：佛教基本教义，为苦、集、灭、道"四谛"之首。"四谛"，即关于人生的四种真理，又称"四圣谛"：

"苦谛"：佛教认为，人的一生是由各种痛苦构成的，如同在苦海中挣扎。佛教将这些痛苦归纳为八苦：

生苦，人的出生，不仅会给母亲带来身体上巨大的痛苦，而且新生命降临人世也要承受重重压力。

老苦，人在由盛而衰的生命过程中，会体验到种种痛苦，尤其是人到老年，发白齿落，耳聋眼花，步履维艰，倍感痛苦。

病苦，各种病患带给人肉体上和精神上的痛苦。

死苦，人活着时有对死亡恐惧的痛苦，弥留之际有对现实生活的感念，以及对生命逝去的无奈和不可追回的痛苦。

怨憎会苦，常与自己讨厌的人相逢、相处，无法脱离令人厌恶的环境，常常事与愿违，凡此种种都令人心生怨恨，苦恼不已。

爱别离苦，相亲相爱者却常常分别，自己喜欢的东西却无法拥有，这都让人感到痛苦。

求不得苦，各种欲望得不到满足，由此而产生精神上的种种痛苦。

五盛阴苦，人就是色、受、想、行、识的聚合，如大火炽烧一般，饱受各种苦难的煎熬，因而烦恼万分。

"集谛"：即分析人生苦难的原因。

"灭谛"：描述消灭痛苦和烦恼的境界。

"道谛"：指驾驭人生之舟，脱离苦海，到达彼岸涅槃境界的理论和方法。

【译文】

智慧之人及时布施的喻理

智慧之人能够认识到人不可能永远拥有财物。就好比失火的人家，聪明的主人能够看清火势，会在大火还未烧到时，及时把财物转移出去。这样房屋虽然烧毁了，但贵重的财物保住了。日后可以再建房屋，重振家业。智慧之人广种福田，勤修布施，也是这个道理。

能够认识到人生短暂，生命脆弱，财富无常，不会永远属于自己，从而积德修福，及时布施财物。就好比房屋失火的主人，从火中救出财物，以后就会享受快乐；又好比房屋失火的主人，重建家业，自己获得福利。愚蠢的人，只知道吝惜房屋，失火后匆忙赶去抢救，惊慌失措，不料火势随风越烧越猛，房屋化为焦土，须臾之间一切荡然无存。不仅房屋没能保住，财物也丧失了。致使以后生活饥寒交迫，在忧愁和苦难中度过一生。吝惜财物的人就是如此。

没有认识到生命无常，须臾不保，因而聚敛财富并守护吝惜。死期无常，随时降临，生命忽然逝去，身体形同无知的土木，财物也随之全都丧失。好比愚蠢的人失于算计，饱受忧愁苦难。聪明的人能及时觉悟，知道人生如幻，财富不可能永远拥有，万物皆处在变化之中，只有依靠修福积德，从而使人脱离苦难，证得佛果。

【辨析】

这篇佛经故事以比喻和对比的手法，充分表现了佛家重人生智慧、轻世间财物的理念。先写家中失火，主人及时转移财宝的明智之举，使其灾难之后，仍可重振家业，以此比喻智慧之人广种福田，勤修布施；再以家中失火，主人不知所措，惨遭损失，以致日后饥寒交迫、饱受忧患，比喻愚人只知吝惜财物，不知布施，终将一无所有。两相对比不仅阐明了世事无常的道理，而且具有教化人生的意义

佛教倡导淡泊名利、轻财布施，扶贫济困，行善积德，从而利益众生，造福社会，这种思想和世俗社会中"人为财死，鸟为食亡"之说大相径庭。而名利之徒所信奉的"千里为官只为财"、"自古无利不起早"以及"天下熙熙，皆为名来；天下攘攘，皆为利往"则更是为佛教所批判的。

佛教指出人生如梦幻泡影，水月空花，人不可能永远拥有财物，对普天之下的芸芸众生不知无常将至，为了聚敛、占有财富，或终日劳累奔波、乐此不疲；或唯利是图，损人利己；或利欲熏心，乃至于贪赃枉法的种种行为给予了否定。认为"直心是道场"、"无事是贵人"，且"种田搏饭家常事，明月清风富一生"，因而劝诚人们广行布施。不仅表现出另一番人生境界，而且正如希腊格言所说"道德是永存的，而财富每天都在更换主人"，无疑会对世人产生警醒作用。

二

菩萨以身施鸽喻

【题解】

本文通过菩萨为救一只鸽子，不惜以身相施的故事，体现了大乘佛教众生平等，以及菩萨救助一切众生的慈悲情怀。

【经文】

菩萨[1]布施不惜身命，如昔尸毗王[2]以身施鸽。天帝释[3]故往试之，知有菩萨志不。释语毘首羯磨天[4]："汝作鸽身，我当作鹰逐汝。汝便佯怖，入王腋下。"俄毘首即自返身作鸽，释返身作鹰。急飞逐鸽，鸽直入王腋下，举身战怖。

是时鹰住树上，语王言："汝还我鸽，此是我食，非是汝有。"王言："我初发意，欲救一切众生[5]，欲令度苦。"鹰言："王度一切众生，我是一切众生数，何以独不见愍，而夺我食耶？"王答言："汝须何食？"鹰言："我作誓：食新杀血肉。"菩萨言："我作誓：一切众生来归我者，一心救护令不遭难。汝须何食当相给与。"鹰言："我所食者，新杀血肉。"王即念言："此亦难得，自非杀生则无由得。云何杀一与一？"思惟心定，即呼人来，持刀自割股肉与鹰。鹰语王言："唯以肉与我，当以道理令肉与鸽轻重正等，勿见欺也。"王言："持秤来以肉对鸽。"鸽身转重，王肉转轻。王令割二股肉尽，亦轻不足。次割两臗[6]、两乳胸背，举身肉尽，鸽身犹重。是时王举身欲上，乃与鸽等。鹰语王言："大王，此事难办何用如此？以鸽还我。"王言："鸽来归我，终不与汝。我前后丧身不少，初不为法[7]而有爱惜。今欲求佛，便扳称上心定无悔。"

诸天龙神[8]一切人民皆共赞言："为一小鸽，酸毒乃尔。是事希有。"地为大动。毘首赞善："大士真实不虚，始是一切众生福田。"释及毘首还复天身，即令王身还复如故，求道如此乃可得佛。

【注释】

[1] 菩萨：梵语音译，菩提萨埵的略称，意为觉有情，即度众生出苦海的人。

[2] 尸毗王：指佛教传说中的一个大国的国王，名叫尸毗。

[3] 天帝释：即帝释天，为佛教管理三十三天之天王，也是佛教的护法神。

[4] 毘首羯磨天：天王名，亦为菩萨名。

[5] 众生：佛教认为众生的生命有四种形态：卵生，如鸟；胎生，从母胎而生，如人；湿生，从湿气、水中生，如虫；化生，如蝶，又指无所依托，借业力而生者，如鬼、神。

[6] 臗（kuān）：同"髋"，即胯。

[7] 不为法：法，佛教名词。"能持自相故名为法"（《俱舍论》卷一），即事物存在的本质。这是"法"的基本定义。通常指事物、存在、对象，即现实世界和佛教的彼岸世界存在的一切现象。对此，佛教各派说法不一，最主要的是小乘所说的五位七十五法和大乘瑜伽行派所说的五位百法。不为法，这里指不了解佛法。

[8] 诸天龙神：即天龙八部，也是佛教的护法神。包括：梵天，又称帝释天，和龙神为八部众的上首；夜叉，即勇健的神；乾达婆，吸香气为食，是香神或乐神；阿修罗，斗神；迦楼罗，金翅

鸟神；紧那罗，歌神；摩呼罗迦，蟒神，也叫地龙。共八部，故称。有十万力大的鬼神，皆为佛教的护法。

【译文】

菩萨以身施鹰救鸽的故事

菩萨救度众生不惜自己的生命，就像从前国王尸毗王以身施鹰救鸽一样。帝释天王知道后去试探，看他是否有菩萨的心愿和行为。帝释天王对天神毘首羯磨说："你变为鸽子，我变为鹰追你。你装成恐怖的样子，躲到国王的腋下。"天神毘首羯磨随即摇身一变成为一只鸽子，帝释天王变成一只鹰。鹰急速飞行追逐鸽子，鸽子飞到国王的腋下，浑身战栗。

这时鹰停在树上，对国王说："你还我鸽子，这是我的食物，不是你的。"国王说："我当初发心，要救度一切众生脱离苦难。"鹰说："国王度一切众生，我也是生灵，为什么不怜悯我，夺我的食物？"国王回答："你要什么食物？"鹰说："我发过誓：要吃新鲜的血肉。"菩萨说："我也发过誓：一切众生来归依我的，要一心救护不使其遭受苦难。你需要食物我给你。"鹰说："我所吃的，是新鲜的血肉。"王想："这就难办了，自己不杀生则不能得到。又怎能为一个生灵再杀另一个生灵？"想了想之后，随即叫人用刀割下自己大腿的肉给鹰。鹰对国王说："既然把肉给我，分量要和鸽子的体重相等才合理，不要欺骗我。"国王说："拿秤来使二者的重量相等。"鸽子身体变重，国王的肉变轻。国王又让割完两腿的肉，还不相等。再割两胯、两胸、两背，直到全身的肉割尽，仍然鸽子身体重。这时国王起身，置身秤盘上，与鸽子重量相等。鹰对国王说："大王，此事难以办到，你又何必要这样呢？把鸽子还给我吧。"国王："鸽子来归依我，不能给你。我已经多次舍身，当初还未领悟佛法对自己有所爱惜，现在要成佛，置身秤上，我已经无怨无悔了。"

天龙八部、大力鬼神和一切人们称赞说："为了一只小小的鸽子，不惜牺牲性命。这样的事真是世间罕见。"大地为之震动。天神毗首羯磨称赞说："菩萨果然真实不虚，广施救度一切众生的善行。"帝释天王和天神毗首羯磨恢复原形，随即使国王身体恢复如初。修行只有这样才可以证得佛果。

【辨析】

这个故事也见于《杂宝藏经》、《大庄严经论》等经典，因此流传十分广泛。全篇调动各种修辞手法展开，打破了天神、人、鹰、鸽之间的界限，塑造了一组生动的艺术形象。

帝释天变成的鹰比喻世俗之人的自私、贪婪。他所说的"王度一切众生，我是一切众生数，何以独不见愍，而夺我食耶"？揭示出社会生活中弱肉强食的"丛林法则"；国王比喻的是大慈大悲、无私无我，以救度一切众生为己任的菩萨形象。"一切众生来归我者，一心救护令不遭难"的菩萨。对于在苦难的封建专制制度下受压迫的劳苦大众，无疑有着心灵抚慰的作用。同时，鹰与国王的对话，在对比中把世人的狡黠和狠毒与菩萨舍身的大无畏精神充分地表现出来。

这种对比还巧妙地融入了量化的方式，从"令肉与鸽轻重正等"到"持秤来以肉对鸽"，由"鸽身转重，王肉转轻"到"王举身欲上，乃与鸽等"。在这反复的对比中既体现出善与恶的较量，也起到了层层递进的渲染效果。这种极富想象的构思，精彩奇特的情节，让人不禁拍案叫绝。

三

二鬼相诤喻

【题解】

本篇以两鬼相争，抢食行人的身体，并以死尸代替其各个部位的故事，旨在说明由地、水、火、风和合而成的人身，只是一种妄有的现象形态，时时刻刻都在变化，以此体观佛教一切无常、一切无我的喻理。

【经文】

昔有一人，受使远行，独宿空舍。中夜有一鬼，担死人来着其前，后有一鬼逐来，瞋骂前鬼："是死人是我许，汝何以担来？"二鬼各捉一手诤之。前鬼言："此有人可问，是死人是谁担来。"是人思惟："此二鬼力大，若实语亦当死，若妄语亦当死。二俱不免，何为妄语。"语言："前鬼担来。"后鬼大瞋，捉手拔出着地。前鬼取死人一臂补之，即着如是。两脚、头、胁，皆被拔出。以死人身，安之如故。于是二鬼共食所易人身，拭口而去。

其人思惟："我父母生我身，眼见二鬼食尽。今我此身尽是他身肉，我今定有身耶为无身耶？若以有者尽是他身，若无者今现身如是。"思惟已，其心迷闷。

譬如狂人明旦寻路，而去到前国者。见有佛塔众僧，不可问余事，但问："己身为有为无？"诸比丘问："汝是何人？"答言："亦不自知是人非人。"即为众僧广说上事。诸比丘言："此人自知无我[1]，易可得度。"而语之言："汝身从本已来恒自无我，非适今也。但此四大合故，[2]计为我身。"即度为道，断诸烦恼，即得罗汉道[3]。是为能计无我，虚得道不远。

【注释】

[1] 无我：佛教的基本教义。认为一切事物皆为因缘和合而生，没有独立的、实在的自体，本质是空；人的身体也是由四大即地、水、火、风在各种条件的促成下形成的，只是一种妄有的现象形态，无时无刻不在变化，故谓无我。

[2] 四大合故：四大，指地、水、火、风四种物质形态，四大合故，意为在因缘和合的作用下暂时构成的人的身体。

[3] 罗汉道：罗汉是阿罗汉的简称，梵语音译，汉译为无学，即第四果。罗汉道，谓此人通过修行断欲界、色界、无色界，思想中的各种疑惑都尽除，已出三界，无法可学，故名无学。又译为杀贼、应供，是声闻四果的最后一果。因已断尽三界一切烦恼，故称杀贼；又因应受人、天供养，故称应供。阿罗汉原是印度各宗派对有德修行者的通称，直到今天，着那教仍把其创始人大雄称为阿罗汉。小乘佛教时期，把佛弟子中达到的最高境界者称为阿罗汉。其他三果是：

须陀洹，梵语音译，汉译为入流，又名逆流，即声闻四果（小乘佛教关于修道的四个阶位）中的初果。谓断三界妄有见解，迷惑尽除，初入圣道法流，故名入流；所谓逆流，谓去迷渐悟，已经开始背离生死之流。

斯陀含，梵语音译，汉译为一来，即第二果。谓于欲界九品中，断除前六品，后三品犹在，还须再来欲界之一的人、天，有一番受生，故名一来或一往来。

阿那含，梵语音译，汉译为不来，即第三果。谓断欲界一切烦恼，永不来欲界受生，故名不来。早在古代印度的《奥义书》中，就有彻底认识真理的人，不再来此世间的说法。

【译文】

两鬼相争的比喻故事

从前有一个人，受人之托出门远行，夜里独自住宿在一间空房子里。半夜有一个鬼，扛着一个死人来到空房，随后又有一个鬼赶来，气愤地骂先来的鬼："这个死人是我的，你怎么扛来了？"两个鬼各抓住死人的一只手争夺。前一个鬼说："这里有人可以问，这死人是谁扛来的。"这人心想："这两个鬼力气都很大，如果说实话会被杀死，说假话也会死。说真话或假话都不免一死，为什么要说假话？"就说："是前一个鬼扛来的。"后来的鬼大怒，拽掉了这人的一只胳膊，扔在地上。前一个鬼看了就用死人的一只胳膊补上去，随后后来的鬼又拽掉了这人的双脚、头和两肋。前一个鬼都用死人的身体给这人补上。然后两个鬼一起吃掉了拽下来的人的身体，擦净了嘴就走了。

这人心想："我父母生下了我的身体，眼看着被两个鬼吃掉了。现在我的身体都是死人的身躯，我今后是有身体还是没有身体？若有则都是他人的身体，若无则又有现在这样的身体。"思前想后，内心十分迷茫。

这个人天明继续上路，要去前方的国家。看见佛塔和僧人，不问其他事，只问："我的身体是有还是没有？"僧人问他"你是什么人？"回答说："我也不知道是有我或无我。"随即就对僧人详细讲述了自己经历的事。僧人听了说："这个人知道一切无我的教义，容易证得佛果。"就对他说："你的身体本来就是变化和无我的，并非现在才如此。身体只是在因缘的作用下由地、水、火、风和合而成。"这人听后随即证悟了佛理，断除了一切烦恼，证得了阿罗汉佛果。这说明能思考一切无我的道理，就离证得佛果的境地不远了。

【辨析】

故事中两个鬼，给读者留下了深刻的印象。从这两个鬼的性格特征上看，都有负气而为的言行和具有"我执"的意识。故事以一鬼拽下说实话"夜宿人"身体的某个部位，另一个就将死人的相应部位补上，在这一去一补之中，就把同样有"我执"即我的身体的"夜宿人"从头到脚，换了个彻底。两个鬼拽下了"夜宿人"身体的各个部位，又一起吃掉，然后扬长而去。留下"夜宿人""我今定有身耶为无身耶？若以有者尽是他身，若无者今现身如是"的迷茫和思考。故事的情节发展由此自然过渡到对佛教一切无常、无我教义的阐述，可谓转换自然，过渡巧妙。

两个鬼比喻世人为利益相互争斗、相互调和；"一拽"、"一补"比喻一来一去的世事交替以及人生的无我、无常。"夜宿人"对"有我"、"无我"的思考，比喻修习佛教义理的人，通过参悟就会成就佛果。同时，故事在对佛教无我论的阐发中，表现出明显的思辨特征。在情节的叙述中，出现了两个"二难推理"，"若实语亦当死，若妄语亦当死。二俱不免"和"我今定有身耶为无身耶？若以有者尽是他身，若无者今现身如是"，这种左右为难、无法得出满意结果的问题，也给读者留下进一步思考的空间。

四

持 戒 喻

【题解】

戒律是佛教弟子行为的规范，代表了佛教伦理的基本内容。本文以打破宝瓶，尽失宝物，来比喻违反戒律就是断了善根。强调了持守戒律的重要。

【经文】

持戒[1]之人无事不得，破戒之人一切皆失。譬如有人常供养天[2]，其人贫穷四方乞求，供养经十二年，求索富贵人心既志。

天愍此人，自现其身而问之曰："汝求何等？""我求富贵。"欲令心之所愿一切皆得，天与一器名曰"德瓶"。而语之言："君所愿者，悉从此瓶出。"其人得以，随意所欲无不得。得如意已具作好舍、象、马车乘，七宝[3]具足供给，宾客事事无乏。客问之言："汝先贫穷，今日云何得如此富？"答言："我得天瓶，天瓶中出此种种物，故富如是。"客言："出瓶，见视其所出物。"即为出瓶，瓶中引出种种诸物。其人骄逸，捉瓶起舞。执之不固，失手破瓶，一切诸物俱时灭去。

持戒之人种种妙乐，无愿不得。若人毁戒，骄逸自恣，亦如彼人破瓶失物。是以欲天乐及涅槃[4]乐，当坚持禁戒。莫破所受戒，若破所受戒，永坠三涂[5]受苦，乃无复出期。夫人欲求报应，常当修习善心相续不绝。若命终时，能却诸恶受善果报。所以然者，若不先习善心，设命终时欲令心善，卒不从意。

譬如西方有一国王素无马，减损国藏四出推求。买五百匹马以防外敌，足以安国。养马既久，国中无事。王便思惟："五百匹马食用不少，饲养烦劳无益国事。"便敕所典掩眼令磨，可得自食不损国藏。马磨既久习于旋回。忽然邻国兴兵入境，王便约敕被马具庄，勇将乘骑如战斗法。鞭马向阵欲直前入，诸马得鞭尽旋回走，无向敌意。邻贼见之知无所能，即便直前大破王军。

以是故知：欲求善果报，临命终时心马不乱，则得随意。往不可不先调直心马。若不先调直心马者，死贼卒至，心马盘回终不如意。犹如王马，不能破贼保全其国。是以行人善心，不可不常在于胸心。

【注释】

[1] 持戒：指遵守戒律以求解脱的修行。戒即戒律，是约束佛教徒行为的法规。如佛教对在家修行的信众有五戒、十戒，出家的比丘（俗称和尚）有二百五十戒，比丘尼（俗称尼姑）有三百四十八戒等。戒也是佛教戒、定、慧三学之一。

[2] 天：梵文意译，音译为"提婆"，用法不一。为六道之一，是佛教世间有情地位最高的天界中人。佛教有三十三天，因此亦有天神之义。

[3] 七宝：佛典中一般指金、银、琉璃、砗磲、玛瑙、琥珀、珊瑚，亦有不同说法。

[4] 涅槃：佛教名词。汉译为"入灭"，又称"寂灭"，指断除贪欲、烦恼，心中妄念，随起随灭，达到圆满、清净、寂静的境界。当人肉体还存在时，称为有余涅槃；连肉体也不存在时，称为

无余涅槃，即诸惑皆断，绝对寂灭无余的状态。这种状态不仅断绝了一切心惑，连肉体也消失了，与永恒的真理融为一体。涅槃学说是佛教的基本教义。

［5］三涂：又称三恶道，是众生轮回的六道之中的地狱、饿鬼、畜生三道。六道轮回，是佛教所认为的根据人生前的善恶之行，决定死后的六种去处。分别是：地狱、饿鬼、畜生、人、天、阿修罗。其中人、天、阿修罗三种去处又称三善道。

【译文】

持守戒律的喻理

遵守佛教戒律的人可以得到一切福报，违反戒律的出家人会失去一切福德。好比有人常供养天神，尽管这个人贫穷以至于四处乞讨，仍供奉佛经十二年，他追求富贵人生的心志从未改变。

天神怜悯此人，自现其身问他说："你要追求什么呢？"这人回答说"我追求富贵"。为了让他的一切心愿能够得以实现，天神送给他一个宝器，名叫"德瓶"。并对他说："你所有的心愿，都可以从宝瓶中得到。"这位贫穷的人得到宝瓶后，随心所欲无所不得。他如愿地得到了房屋、象车、马车，各种珍宝，应有尽有，以及宾客，等等，事事如愿。客人问他说："你以前很贫穷，今天为什么变得如此富有？"回答说："我得到了天神送的一个宝瓶，从宝瓶中得到了各种财物，所以富贵起来。"客人说："请拿出宝瓶，让我见识一下。"这人随即拿出宝瓶，从瓶中拿出各种各样的财物。得意忘形的他，拿起宝瓶翩翩起舞。不料，一不小心，竟然失手打破了宝瓶，一切财物立即全都消失了。

遵守戒律的人享有各种美妙和快乐，没有不能实现的心愿。如果有人违反了戒律，骄傲自大，就会像这位打破宝瓶丧失了财物的人一样。所以要享有天神和清净境界的快乐，就应当坚持遵守戒律，切莫破坏所受的戒律。如果破坏了所受的戒律，就会永远堕入地狱、饿鬼、畜生三恶道中，饱受苦难，永无出头之日。人们如果要追求善报，就应当修习善心永不止息。在生命终结时，就能避免恶报，享受善果。之所以这样说，是因为如果不先修习善心，那么生命终结时要得到善心的果报，就不会如愿。

比如西方有一位国王以前没有马，取出国库的钱来四处购买。买来五百匹马用以防御外敌入侵，保卫国家安全。养马很久国内外却没有战事。国王心想："五百匹马所食的饲料不少，饲养起来费力劳神且对国家无益。"便命令蒙住马的眼去拉磨，这样可以继续饲养而不损耗国库钱粮。拉磨时间久了马习惯于绕着圈走。突然邻国发兵侵入。这时，国王便命令备好马鞍，让将士乘坐如骑兵一样去战斗。将士扬鞭策马准备冲向敌阵，但鞭打下的马都只会绕着圈走，根本不知冲向敌军。敌军看见后知道这些骑兵没有战斗力，随即长驱直入，大破国王的军队。

从这一事件中可以知道：要想求得善果报应，寿命将尽时心马不乱，一切随愿。平时应先调养好心中之马，如果不先调养好心中之马，当死亡来临时，心中之马盘旋而行，最终不能如愿。就好比国王的马一样，不能杀乱作战，保家卫国。因此，修行善心的教理，不可不常铭记于心。

【辨析】

如意宝瓶的故事，我们都曾读过，内容大都是宝瓶被恶人夺取后，由于贪得无厌，最终瓶破财亡。其寓意在于告诫人们要知足常乐，随遇而安。而这个故事却有所不同。尽管也有满足人们欲望的神灵，但故事的重心却是告诫人们只有行善积德，才能享有真正的快乐。

把佛教的戒律，比喻为"德瓶"，提出只有行善，才能得到心中所愿的一切。这就把佛教的伦理思想提到了一个很高的境界。昭示世人：只有有德之人，才能得到宝瓶；只有行善积德之人，才配享有真正的快乐。妄自尊大、自以为是的人和违反戒律、恣情纵意的人，在生命终结时想得到善果，都是不会如愿的。

国王养马的故事，则比喻出家修行者要时时注意"调直心马"。其与汉地禅门北宗神秀"身是菩提树，心如明镜台，时时勤拂拭，勿使惹尘埃"的主张相符。所强调的是渐修渐悟，如水滴石穿的印度禅法。

五

贫穷老母布施喻

【题解】

本文通过一位贫穷的老年妇女，将仅有的一点豆子奉献给佛陀的故事，阐发了诚心布施供佛，得福无量的喻理。

【经文】

贫穷之人割辍身口，持用布施其福无量。譬如往昔国王设会，诸佛[1]及僧种种供养。时有一贫穷老母，都无所有，常仰乞索，以自活命。闻王请佛设会，心生欢喜，意欲劝助。自惟无物，正有少豆欲劝助，而门人不听前。

于是佛见其善心，即以神力令此大豆遍堕众食器之中。王见此豆，即瞋厨兵："何以使食中有此豆耶？"佛语王言："非厨兵过也，乃是外贫穷老母所施，闻王设会无以劝助，持此少豆劝助于王，是以食中有此豆耳。"佛语大王："此老母所施虽微，得福良多于大王。"王言："何得多种种肴膳供养，而得福少？此老母以少许物布施，返得福多？"佛语王言："王虽种种供养，尽出百姓，于王无损。此老母贫穷正有少许豆，尽持劝助，是故得多，王得福少。"佛为王种种说法，王及老母皆得道迹。是以修福种德惟在至心，达解法相^[2]，何忧不果？

【注释】

［1］诸佛：指过去、现在、未来三世佛。

［2］法相：佛教名词，指一切表象和现象形态。

【译文】

贫穷老母亲布施的喻理

贫穷的人割舍自己养身糊口的财物，用来布施可以得到无量的福德。比如过去有一位国王举办法会，以各种物品供养给三世佛以及僧人。当时有一位贫穷的老母亲，一无所有，经常靠乞讨来活命。她听说国王举办法会恭请佛陀，心中欢喜想要前去参会。老母亲心想自己没有别的财物，只好把仅有的一点大豆拿去，但法会看门的人不让她进去。

佛陀看见了老母亲善良的心，随即以神通之力使老母亲拿的大豆遍撒在众人的食物之中。国王看见食物中的大豆，当即斥责伙夫："在食物中怎么有大豆？"佛陀对国王说："不是伙夫的过错，这是门外一位贫穷的老母亲布施的，听说国王举行法会，而自己没有财物捐助，只好把仅有的一点大豆捐助给国王，所以食物中有大豆。"佛陀对国王说："这位老母亲的布施虽然微薄，得到的福报却多于国王。"国王说："为什么我供奉了各种美味佳肴，而得到的福报却少？这位老母亲只布施了一点大豆，反而得到的福报多？"佛陀对国王说："国王虽然有各种供养，但都出自百姓，于国王毫发无损。这位老母亲贫穷，只有这点大豆，都拿来捐助了，所以得到的福报多，国王得到的福报少。"佛陀于是为国王解说佛法的要义，国王以及老母亲都证得了佛果。所以修福积德贵在诚心，通达了解佛法的本质后，又何必担忧不能得到佛果呢？

【辨析】

诚心奉佛就可以得到善果。这篇比喻故事情节虽然简单，却发人深省，反映了佛教教义以及佛教对社会生活本质的认识。

本篇故事以三层对比表现布施贵在心诚的喻理。一是贫穷老母和国王的对比，以世俗的眼光看来，两者是没有什么可比性的，而故事却以这种身份、地位、财富的巨大反差，暗喻佛教所具有的众生平等思想。二是老母亲的一点大豆和国王的各种美味佳肴的对比，形成了以大托小、以少见多的表达效果。三是果报的多与少的对比。以佛陀的立场，揭示信佛只在诚心的喻理。

故事中通过国王的疑问"何得多种种肴膳供养，而得福少？此老母以少许物布施，返得福多"？进一步强化主题。何以供多得福少，供少得福多？这既不合常识，也不合逻辑。佛陀的回答则是：因为国王的供奉来自百姓，而老母的供奉是自己所有，不仅如此，而且老母是倾其所有。可见佛教对社会的体察、认知，对百姓的关切，极其深切细微，至今读之仍使人赞叹。其站在广大人民的立场上对待信众，以及所具有的社会批判态度，正是千百年来，佛陀广为世人所尊崇的一个重要原因。只有心里有百姓的人，才会真正得到百姓的尊重，这是一条亘古不变的真理。

六

财物如毒蛇喻

【题解】

本文先以集乳的故事，喻指要随时布施；又通过意外之财惹来杀身之祸的叙述，阐发了佛教施财得福的教义。

【经文】

昔有一婆罗门[1]，居家贫穷正有一𤙲[2]牛。挏[3]乳日得一斗，以自供活。闻说十五日饭诸众僧沙门得大福德，便止不复挏牛，停至一月并取，望得三斛[4]持用供养诸沙门。至满月便大请诸沙门至舍皆坐，时婆罗门即入挏牛乳，正得一斗。虽久不挏乳，而不多。诸人呵骂言：“汝痴人，云何日日不挏乃至一月也，而望得多？”

今世人亦如是。有财物时，不能随多少布施。停积久后，须多乃作。无常水火及以身命须臾难保，若当不遇一朝荡尽虚无所获。

财物危身犹如毒蛇，无得贪着。譬如昔日佛游波斯匿王[5]国中，见地有伏藏满中宝物。佛语阿难：“汝见是毒蛇不？”阿难言：“已见。”时有人随佛后行，闻此语试往看之，见有好宝。嫌佛此语谓为虚绮：“此实是宝，而言为毒蛇？”其人即时私将家人大小取此宝物，其家大富。

有人向王言之："此人随得宝藏，而不输官。"王即收系，责其宝物即时输尽。王故不信，更多方拷治之。痛毒备至，而复不首。王大怒欲诛其七世[6]，载出欲杀，王遣人微伺，为何道说，即言："佛语至诚，实是毒蛇而我不信。今为毒蛇所由知当何云？若为毒蛇所杀，正可及身而今乃及七世，实如所语。"使者具上事向王陈说。王闻此语，即唤令还。语其人言："佛是大功德人，而汝能忆佛往语。"王大欢喜还其宝物，放之令去。缘念佛语，故得免死难。是以佛语，不可不志心念之。

【注释】

[1] 婆罗门：四种姓之一。四种姓，古代印度所分的人的四个不同等级，即婆罗门（最高等级主管宗教和文化），刹帝利（官吏），吠舍（从事各种自由职业的人），首陀罗（奴仆）。各种姓之间界限森严。

[2] 牸（zì）牛：母牛。牸，泛指雌性牲畜。

[3] 捋（lǔ）：原文为古今皆无的会意字，根据文义改为此。捋，指用手指顺着抹过去。本文意为挤牛奶。

[4] 斛（hú）：中国古代的量器名和容量单位，一斛原为十斗，后来改为五斗。

[5] 波斯匿王：即憍萨罗国国王，国都舍卫城。与摩揭陀国同为佛陀时代的两个大国。波斯匿王后来皈依佛陀，成为佛教的护法。

[6] 七世：本处指诛杀其家族。

【译文】

财富如毒蛇的比喻故事

从前有一位婆罗门种姓的人，家里贫穷只有一头乳牛。靠每天挤一斗牛奶，来维持生活。他听说供奉十五天的斋饭给僧人就能得到大的福报，就不再每天挤牛奶了，想攒到一个月后一起挤，期望得到三十斗牛奶用来供养僧人。等到了一个月，请僧人来到家里，这时，婆罗门即去挤奶，然而却只得到一斗牛奶。虽然很久没有挤牛奶，但奶并不因此而变多。人们嘲笑责骂他说："你这个愚痴的人啊，为什么不每天挤奶，而是等了一个月，还期望得到更多？"

世俗的人也是如此。有财物时，无论多少不能随时布施。认为等到积攒更多后，再多做布施。却不知无法预测的水患和火灾会在须臾之间危及生命，一旦遭遇，财物顷刻间化为乌有，而将一无所获。

财物危害生命犹如人遇见毒蛇，不能贪心占有。就像从前佛陀在舍卫城中，看见地下藏有许多宝物。佛陀对弟子阿难说："你看见毒蛇了吗？"阿难说："我看见了。"当时有人正好走在佛陀的身后，听到这话就上前去看。一看，是许多的宝物，认为佛陀说的话很荒谬："这明明是珍宝，为啥说是毒蛇？"这人随即带领全家老少挖走了宝物，家里一下子变得十分富有。

有人向国王说："这人随地取得的宝藏，却不上交官府。"国王立即下令没收，责令这人将其得到的宝物悉数上缴。国王始终不信这人所说宝物的来源，对他严刑拷打。他痛苦不堪，而不肯认罪。国王大怒，要杀其全族，在押出去斩首时，国王派人悄悄跟随，看他还有什么要说的。结果听他说道："佛陀说的真是千真万确呀，地下藏的财宝确实是毒蛇，而我当时却不信。今天被毒蛇所伤才知道是什么意思。即使是为毒蛇所杀，也不过危及自身，而今天却要危及整个家族。确实如佛陀所说。"派去的人将所听到的话告诉了国王。国王听后，立即传令把这人带回。对他说："佛陀是有大功德的人，而你还能想起佛陀所讲过的话。"国王十分欢喜，就把宝物还给了他，下令放他回去。这是由于国王感念这人所说的佛陀的话语，这人才幸免于一死。因此说佛陀所说的话，不可不牢记心中。

【辨析】

这篇比喻经中婆罗门积蓄牛乳的故事和《百喻经》中的"愚人集牛乳",情节及喻理相同,都是明喻人如果不及时行善布施,也许到死都不能把财物和关怀给予他人。不同的是,这篇讲的是布施给出家修行的佛弟子,《百喻经》讲的则是用集牛乳来招待客人。本篇所要表现的喻理更为深刻。

作者并没有把对财物的认识仅仅停留在及时布施的层面,而是笔锋一转,又继续引出了另一个"财富如毒蛇"的比喻故事。直接把获得意外之财比喻为招来"毒蛇",给人带来巨大的灾难。从得到财宝的人险些被国王杀害时所发出的感慨中,让我们体会到佛陀所言之精辟。从而对世俗的财富观予以彻底的否定。

佛陀对财富的看法,不能不引起我们的深思。如果人们痴迷于金钱,拼命地追逐财富,并以此作为生活的最终目标,就永远不会真正获得内心的清净、自在和幸福。所谓欲壑难填,对财富的欲望是人痛苦烦恼之根源,"财富如毒蛇",这难道不让我们警醒?不值得我们认真感悟和反思吗?

七

道人至诚持戒喻

【题解】

持戒与否是佛弟子与世人区别的重要标志。本文以出家人在生命危难时的舍身护戒之举：宁持戒而死，不犯戒而生，阐明持守戒律，矢志不渝，终能渡脱苦海的喻理。

【经文】

持戒之人宁失身命，不违佛教。譬如往日有贾客乘船入海，时有二人欲至他国。傍载至于中流，值遇恶风吹破船舫。诸贾客取所依，用以自济。时下座[1]道人，得一板木，上座语言："佛说法恭敬上座，汝与我板来，不畏犯戒也。"下座道人闻是语已，便自思惟："何者为重？护戒为重。思惟是已，我宁当慎护佛教而死。"即以板木献上座，下座便没海水中。

水神见道人持戒如是，不违佛教，将是道人至于岸上。因此道人至诚持戒故，一船贾客皆得不死。水神赞道人言："汝真是持戒之人也。"以是证故，宁持戒而死，不犯戒而生。是以戒德可恃怙，能济生死苦。

【注释】

[1] 下座：本文指年少资浅的出家修行者。上座，指年长资深的出家修行者。

【译文】

出家人持守戒律的比喻故事

持守佛教戒律的出家人宁可失去生命，也不能违犯佛教戒律。比如过去曾有商客乘船渡海，正好有两位出家人也要乘船到别的国家去。载着人的船在航行中，遇到了风暴，船体遭到毁坏。商客赶快取来逃生的用具，以求自保。当时年少的出家人，得到一块木板，年长的出家人说："佛陀讲法说，要恭敬年长者，你把木板拿给我，这样才不会犯戒律。"年少的出家人听后，便心想："什么最重要呢？维护戒律最重要。"在心中说道："我宁愿为维护佛教戒律而死。"随即把逃生的木板呈献给年长的修行者，他便被海水所淹没。

海神看见出家人如此持守戒律，宁死也不违犯佛教律法，就把年少的出家人送到岸上。而且由于这位出家人以至诚之心持守戒律的缘故，一船的商客也都大难不死，安然无恙。海神称赞年少的出家人说："你是真正持守戒律之人。"这个故事证明，出家人宁持戒而死，也不犯戒而生。因此凭借守戒的品德，能使出家人渡脱生、老、病、死的苦海劫波。

【辨析】

这篇讲述的是在海中遇难时，一位年轻的出家人把救命的木板给了年长者，即把生的希望给了别人，把死的危险留给了自己。借这个以生命护戒的故事来彰显出家人持守戒律的重要。

　　那么，戒律是什么？戒律只是为了实现自己追求和信仰的"一种方便"，只是保证修行的手段和方法，因此故事所描写的情节，也只是为了比喻出家人追求人生真谛舍身求法的牺牲精神。以出家人宁持戒而死，也不犯戒而生，来强调戒律的重要。故事是紧紧围绕"上座"和"下座"两位出家人展开的。年长的"上座"在危难之时所说"佛说法恭敬上座，汝与我板来，不畏犯戒也"。乍一看，在生死抉择之时，一位受戒多年的老僧把生的希望留给自己，这既不近情理，也不合伦理。似乎应该改为：船将倾，下座道人把木板给上座道人，上座坚辞不受。下座道人云："佛说法恭敬上座，我与汝板来，不畏犯戒也。"同样阐发了"何者为重？护戒为重"的理趣，岂不更好？这种认识恰恰反映了世俗的人生态度，因为对于高僧来说，早已将生死置之度外，死生如一、圆融无碍。

　　在印度佛教史上，佛陀之后，佛教分为两大派：坚持佛陀所制定的戒律的高僧，被称为"上座部"，他们中间大部分是资深的年长者；提出改变戒律，适度放松的一般僧人，被称为"大众部"。上座所说的"不犯戒"，表明遵守的是佛陀"以戒为师"的遗训。可见持戒与否对佛教来说，是不能等闲视之的。

八

人生无常喻

【题解】

本篇故事将欲望束缚下的人们比作囚徒，以其种种遭遇害说明苦难是人生无法避免的。是对人生是苦、生命无常佛教教义的生动诠释。

【经文】

一切众生贪着世乐，不虑无常，不以大患为苦。譬如昔有一人，遭事应死。系在牢狱，恐死而逃走。国法若有死囚踰狱走者，即放狂象令蹹杀。于是放狂象，令逐此罪囚。囚见象欲至走入墟井中。下有一大毒龙张口向上，复四毒蛇在井四边。有一草根，此囚怖畏一心急捉此草根。复有两白鼠啮此草根。时井上有一大树，树中有蜜。一日之中有一滴蜜，堕此人口中。其人得此一滴，但忆此蜜不复忆种种众苦，便不复欲出此井。

是故圣人借以为喻。狱者，三界[1]囚众生；狂象者，无常；井，众生宅也；下毒龙者，地狱[2]也；四毒蛇者，四大也；草根者，人命根[3]也；白鼠者，日月也。日月克食人命，日日损减无有暂住。然众生贪着世乐，不思大患。是故行者当观无常，以离众苦。

【注释】

[1] 三界：指众生所居之欲界、色界、无色界。

[2] 地狱：佛教名词，梵文意译，亦有"可厌"、"苦器"等译法。是六道轮回中畜生、饿鬼、地狱三恶道之一。地狱是佛教轮回学说的一个组成部分，总括起来可以分为三类：

一　根本地狱，又分为层层叠加的八种：

1. 等活地狱，此处生灵互相折磨、残杀，经凉风吹后，死而复活，重新遭受无尽的折磨。

2. 黑绳地狱，用黑色铁绳反复绞杀有罪之身。

3. 众合地狱，以各种野兽和种种刑具来残害折磨罪人。

4. 号叫地狱，逼迫罪身发出哀号悲叫之声。

5. 大叫地狱，相对前者所受之罪更甚，哀号之声更大。

6. 炎热地狱，火随身起，炎至周围，酷热难耐。

7. 大热地狱，较前者受热更甚，大叫不止。

8. 无间地狱，罪恶深重者，苦难无边。这里还包含有"八寒地狱"，指反映在罪者身上的八种不同程度的苦寒状态。

二　近边地狱，指八大地狱中的每个地狱都有十六个附加地狱，也叫十六游增地狱。因每个大地狱都有四门，每门又各有火、尸、臭、刃四处，共十六处，八大地狱，共计一百二十八处，为罪身游历时所增设，以增加折磨。次第游历，痛苦递增。

三　孤独地狱，独处于山间、旷野、树下等，空无一切生灵，人若游魂。

[3] 命根：佛教指生命、寿命，或与生俱来的生命机能，佛典有不同说法。

【译文】

人生无常的比喻故事

一切生灵贪享着世间快乐，不曾想到无常的到来，以及巨大的灾难带来的痛苦。比如从前有一个人，犯了死罪，关在牢狱里，害怕被处死而逃走。本国法令规定有死囚越狱逃跑者，立即放出疯狂的大象把人犯踩死。于是就放出了发狂的大象，让它追逐这个死囚。死囚眼看快要被大象追上了，就急忙躲藏到一口废井之中。只见井下有一条大毒龙正张口向上，井的四边上还有四条毒蛇。井檐恰好垂下一根藤条，这个死囚恐惧之中，慌忙抓住这根藤条。然而又有两只白色的老鼠正在不断地啃食着藤条的根。当时井的上面还有一棵大树，树上有一个蜜蜂巢。一天中滴下一滴蜜，这蜜落到这个人的口中。死囚得到这一滴蜜，蜂蜜的香甜使他忘掉了种种苦难，便不再想着逃出废井。

圣明的人以这个故事为喻。牢狱，比喻三界里被囚禁的生灵；疯狂的大象，比喻世事无常；井，比喻生灵的住所；井下的毒龙，比喻地狱；四条毒蛇，比喻地、水、火、风四大；藤条，比喻人的生命；两只白鼠，比喻白天和黑夜。人的生命随着每一次日出和月落而削减，天天减少不曾有片刻停歇。然而人们贪恋着世俗的享乐，不思考人生巨大的苦难。因此修行的出家人应当观想佛教的无常学说，从而脱离一切苦难。

【辨析】

这篇比喻故事是佛教关于人生苦短，岁月无情，一切无常思想的生动体现。其特点是把人生不可回避的严酷现实：即每活一天，就接近死亡一天，用人们习以为常的自然现象予以具体而深刻地揭示，将日常生活场景和佛教的教义巧妙地联系在一起。用"人生七喻"，一气呵成。构思精巧，描述生动，极具画面感。

在敦煌壁画中，有和这个故事主题相同的内容。略有不同的是：死囚换为旅人，狂象变为猛虎，枯井成为悬崖，井下的一条毒龙改为三条，比喻贪、瞋、痴"三毒"，两只白鼠变为一黑一白，比喻白天和黑夜的交替，没有井边的四条毒蛇。不同的内容，从中可以想见，这篇比喻故事流传十分广泛。

我们以为从人生无常的比喻故事本身来看，这一篇故事比壁画所传达的内容更为深刻。牢狱，比喻三界里被囚禁的生灵；四条毒蛇，比喻地、水、火、风"四大"；一条毒龙，比喻地狱。

"三界"、"四大"、"地狱"，有上、中、下三个视阈，包括了佛教天界、人间、地狱三个宏大的世界。因为被囚禁的生灵或死囚的喻义，远比旅人有深度；地狱学说也比贪、瞋、痴"三毒"的喻义更富有想象力。而地、水、火、风"四大"和合一切，是佛教对于物质世界的解读，去掉这一内容，理论深度就会受到影响。当然，仁者见仁，智者见智。不同的版本对于开启人们的心智，会起到不同的效果。

九

佛为长者说施喻

【题解】

本文通过佛陀为年长者解说布施之理，明示佛弟子要能分辨佛法和魔法，体现了既要修行布施，还要学习教义的喻理。

【经文】

昔有悭贪[1]长者，佛欲度之。先遣舍利弗[2]，为说布施之福种种功德，长者悭贪都无施意。见日欲中语舍利弗：“汝何不去，我无食与汝。”舍利弗知不可化，即还佛所。佛复遣目连，神足[3]返化而为说法。长者复言：“汝欲得我物，故作此幻术。”目连知其不可化，即还佛所。于是佛必破其悭贪，自造其家。长者见佛自来，为作礼将佛入座。佛方便[4]种种说法，语长者言：“汝能行五大施[5]不？”长者白佛：“我小施犹尚不能，况复大施？”长者白佛：“云何五大施？”佛言：“五大施者，不得杀生，汝能作不？”长者思惟：“不杀生者，乃不用我财物又无所损。”即白佛言：“我能。”以是次第为说，乃至不饮酒，皆言能作。于是佛即为长者种种说法五戒义：若能持此五戒，便为作五大施竟。即大欢喜，欲以一张不好氎[6]施佛，即入库求无不好者，便以一张而奉施佛。库中余氎尽相随来，至于佛前。佛知长者施心不定[7]，语长者言："天帝释与阿修罗共斗，心不定故三返不如，后以定心故大破阿修罗军。"长者闻已，知佛大圣深知人意。信心清净，佛为说法，即得须陀洹道。

明日魔[8]知其心，即化作佛欲来坏之。而至其家，长者以未得他心智故，不知是魔欢喜迎之，善来将入座。魔佛语长者言："我昨日所说者，尽非是佛语，汝速舍之。"长者闻此语已，甚大怪之。形虽是佛，而所说者非，如师子皮被驴，虽形似狮子而心是驴。长者不信，魔知其心正还复其身言："我故来试汝，而汝心不可转。"

是故经言："见谛之人尚不信佛语，何况余道？"以深察理故，是故佛弟子要解深理，魔说佛说，悉皆能知。是故义不可不学，施不可不修。

【注释】

[1] 悭（qiān）贪：悭，吝啬。悭贪，既吝啬又贪得无厌。本文指吝啬。

[2] 舍利弗：佛陀十大弟子之一，舍利弗又称鹙鹭子、舍利子，摩揭陀国王舍城人，婆罗门种姓，因其敏捷智慧，善讲佛法，有"智慧第一"的称誉。

佛陀其他弟子分别为：

"多闻第一"的阿难，又作阿难陀，意译为欢喜、庆喜，据《佛本行集经》卷十一所记，佛陀成道回乡时，二十五岁的阿难即随佛出家。佛教第一次结集时，由他诵出经文，因其长于记忆，故称。阿难曾请佛陀接纳女性为僧，从此佛教始有僧尼二众。

"神通第一"的目揵连，或称摩诃目揵连、大目揵连、目连，王舍城郊人，婆罗门种姓，侍佛左边。

"说法第一"的富楼那，全称富楼那弥多罗尼子，意译"满慈子"。迦毗罗卫国人，国师婆罗门之子，因善于讲解佛教义理，故称。

"解空第一"的须菩提，又作须浮提、苏补底，意译为善吉、善现等，拘萨罗国舍卫城人，婆罗门种姓，因深入理解佛法性空，故称。

"密行第一"的罗睺罗，又译罗护罗，为佛陀在家时的夫人耶输陀罗所生。因其不毁禁戒，诵读不懈，密行超人，故称。又因罗睺罗十五岁出家，故为佛教"沙弥"，即未满二十岁的出家人之始。

"持戒第一"的优婆离，又作优婆利、优波离，迦毗罗卫国人，首陀罗种姓，因其出家后奉持戒律，无所触犯，故称。佛教第一次结集时，由他阐述戒律。

"天眼第一"的阿那律，迦毗罗卫国人，甘露饭王之子，佛陀的堂弟，因其勤勉精进，得天眼通，能见天上地下六道众生，故称。

"头陀第一"的摩诃迦叶，即传佛心法的大迦叶。摩揭陀国王舍城人，婆罗门种姓。因其苦行有德，少欲知足，常修"头陀行"，故称。

"议论第一"的迦旃延。古印度阿盘提国人，婆罗门种姓。原出家修习外道，后随佛学法。思维敏捷，辩才无碍，善说法相，故称。

[3] 神足：六神通之一，佛教名词。简称"通"，指自在无碍的能力。是修道者们通过修行得到的神异力。分别为：

宿命通，亦称宿住随念智证通、宿住智通、识宿命通，能知晓自己和他人的命运、机遇、通达。

天眼通，亦称天眼智证通、天眼智通，超越了眼的限制，能见人所不能见，看世间各种形态。

天耳通，亦称天耳智证通、天耳智通，超越了耳的所有束缚，闻人所不能闻的天籁之声。

他心通，亦称他心智证通、他心智通、知他心通，可洞悉他人心念。

身如意通，亦称神境智证通、神境通、神足通、如意通、身通，可飞天入地，变化自在。

漏尽通，所谓漏尽，是指断尽一切人间烦恼而无碍者。

佛教认为前五通可通于凡，是一般修行者能够得到的，最后成漏尽通是圣，是佛教学人中的极致。

［4］方便：方法和道理。梵语意译为"善巧"、"权略"，所谓"正曰方，言巧称便，即是其意深远，其语巧妙。文义合举，故云方便。"佛教一般有两种解释，一是对般若智慧而言，二是对真实而论。其论释虽多，但究其实质，都是指"自利利他"、"慈悲喜舍"的教化，度脱一切众生的方法。故又常用"门"来喻指有法门则通，无法门则阻。

［5］五大施：这里指"五戒"，即不杀生、不偷盗、不邪淫、不妄语、不饮酒。

［6］氎（dié）：细毛布或细棉布。

［7］定：即禅那，梵文音译，简称"禅"。意译为"静虑"、"思维修"、"弃恶"、"功德丛林"等。指心住一境，正审思虑。

［8］魔：梵文音译为魔罗，意为杀者，佛教指能杀害修行者法身慧命的恶神。

【译文】

佛陀为年长者解说布施的喻理

从前有一位吝啬的年长者，佛陀想度化他。先派弟子舍利弗前去，为他解说布施的福报和各种功德，但年长者却十分吝啬毫无布施的意愿。见已近中午了，便对舍利弗说："你怎么还不回去，我没有斋饭给你。"舍利弗知道他不可教化，随即回到佛陀那里。佛又派目揵连，运用神足通到年长者家为他解说佛法。年长者说："你想得到我的财物，所以才用了神通。"目揵连知道其不可教化，随即回到佛陀那里。于是佛陀为了破除年长者的吝啬，自己亲自造访其家。年长者见佛陀亲自前来，就向佛陀施礼并请佛陀入座。佛陀权且以各种方法为他解说佛法，就对他说："你能修行五大布施不？"他回答说："我连一点小布施都不能做到，何况大布施？"他问佛陀："什么是五大布施？"佛陀说："五大布施，首先是不杀生，你能做到不？"年长者心想："不杀生，既不用我的财物也对我一无所损。"随即对佛陀说："我能。"佛陀接着问他不偷盗、不邪淫、不妄语，乃至不饮酒能做到不，他都回答说能做到。于是佛陀当即为他解说佛法不杀生、不偷盗、不邪淫、不妄语、不饮酒这五戒的义理：如果能持守五戒，就是做了五大布施。年长者听后十分欢喜，想拿一件次等的棉织品布施给佛陀，就到了库房中去找，却没有次等的，只好随便拿了一件布施给佛陀。这时库房中剩余的棉织品都竞相跟随而来，到了佛陀的面前。佛陀心知年长者布施之心未定，就对他说："帝释天王曾与神阿修罗争斗，由于心力不定，因此一连三次都不能如愿，后来以行善的功德之心大破阿修罗行恶的争斗之军。"年长者听了以后，知道佛陀圣明，深解人意。向佛之心已定。佛陀便为年长者解说佛法，随即证得了佛门初果。

第二天，魔知道了年长者的佛心，随即变成佛陀的样子想来破坏。他来到年长者家中，年长者还未证得洞视他人的智慧，不知变成佛陀法身的是魔，便高兴地迎接，请其入座。变成佛陀的魔对年长者说："我昨天所讲的，都不是佛法，你应该赶快舍弃。"年长者听了这话，感到十分奇怪。这人外形虽然是佛，但所说的不是佛法，如驴披了一张狮子皮，虽然外形似狮子而心还是驴。年长者不信他的话，魔知道其真信佛法，便现了原貌说："我故意来试探你，而你的佛心已不可逆转。"

因此佛经说："追求真谛的人尚且不能坚信佛陀的教导，更何

况那些邪魔外道呢？"从深刻观察思考佛理的立场上看，佛弟子要
理解佛教深邃的义理，对于是魔语还是佛语，都应该能够知晓分
辨。因此佛教义理不可不学，布施也不可不修行。

【辨析】

本篇情节较为完整，其中的人物形象：长者、两位佛弟子、佛
陀、化为佛陀的魔刻画得也很成功。故事通过他们之间的对话以及
心理活动，体现了佛教的义理，暗喻佛陀的无上智慧、无量功德。

长者的形象耐人寻味，他是一位"悭贪长者"，但"佛欲度
之"。这是由于他是一位智者，对生活和人生早已形成了固有的认
识，不会轻易改变自己的人生理念，绝不盲从、也不为表象所迷
惑。他的突出特点有三：

一是不为人言所动，当"智慧第一"的佛弟子舍利弗为他讲布
施的福报时，他表现出的态度是：任你说得天花乱坠、口干舌燥，
我就是连一顿斋饭也不布施。

二是不为神通所动，当"神通第一"的佛弟子目揵连以神足通
来到他的面前进行教化时，他认为"汝欲得我物，故作此幻术"。
表明他不信邪、不信法术。

三是不为一切现象形态所迷惑，包括不为佛陀的外相所迷惑。
他服膺的是知人、知事、知心的佛教智慧。当佛陀讲"五戒"即
"五大施"时，"即大欢喜，欲以一张不好氎施佛"，他接受的是佛
陀的圆融和智慧；当他以"不好氎施佛"而佛陀了知其心，继续为
其讲解舍念清净，"定心"的作用时，他才被佛陀的智慧真正折服，
皈依佛教而证得了初果。当魔变成佛时，他也不为所动，逼魔现了
原形，更凸显了他认理不认人、知理胜于人的智慧。

故事通过这位长者的形象，暗喻多重佛教义理。可以扼要概括
为以下四点：

一是教化方法之辩：提出要根据不同对象，采用不同方法，所

谓因才施教。两位佛弟子之所以无功而返，就是因为不能因人而异，弘传佛法。

二是佛法义理圆融互通之辩：佛陀先由"持戒"开启，再引导至"布施"的善巧开示，比喻佛法本自圆通，互为印证。

三是本质与表象之辩："如师子皮被驴，虽形似狮子而心是驴"，比喻要透过现象看本质。

四是佛魔之辩：认为佛与魔的区别不在外表，而在于认识。比喻"义不可不学，施不可不修"，即定慧双修、行愿并举。

此外，两位佛弟子对于佛陀的形象，起到了烘云托月的效果，在对比中把佛陀循循善诱、因人而异、知人察心的教化方法表现得淋漓尽致。

沙弥贪色堕恶道喻

【题解】

本篇讲述的是小和尚因贪恋龙宫的佳肴、美色而不能自拔，最终堕入地狱的故事，以此比喻出家修行者要去贪欲、护善根，才能法身清净、慧命不绝。

【经文】

行者求道，不得贪着好美色。若贪破人功德之本。譬如昔有一阿罗汉，常入龙[1]宫食，为龙说法。食已出于龙宫，持钵授与沙弥[2]，令洗。钵中残数粒饭，沙弥噉之，大香甚美。便作方便入师绳床下，两手捉绳床脚，至时与绳床俱入龙宫。龙曰："此未得道，何以将来？"师言："不觉不知。"沙弥得饭食，又见龙女身体端正，香妙无比。心大贪着，即作誓愿："我当夺此龙处居其宫。"龙言："后更莫复将此沙弥来。"

沙弥还已，一心布施持戒，专求所愿早作龙身。是时遶[3]寺，足下水出，自知必得作龙。径至师本所入处大池水边，以袈裟覆头而入水中，即死返为大龙。福德大故即杀彼王，举池尽赤。未尔之前，诸师众僧皆呵骂之。沙弥言："我心已定，诸相已出，将诸众僧就池见之。"以是因缘，故不当贪着好香美色，丧失善根，见堕恶道。

【注释】

[1] 龙：是中国古代传说中的神异动物，为四灵（龙、凤、麒麟、龟）之首。春分登天，秋分潜渊，能呼风唤雨，是祥瑞的象征，也是帝王和权力的化身。佛教中的龙是天龙八部中的龙部，是佛教的护法神。

[2] 沙弥：佛教弟子之一。佛教戒律确立后，把不满二十岁，未受具足戒的男性出家人，称为沙弥，女性称为沙弥尼。把年满二十岁出家修行的男性称为比丘（俗称和尚），女性称为比丘尼（俗称尼姑），在家修行的男信众称为优婆塞，女信众称为优婆尼。

[3] 遶（rào）：同"绕"。

【译文】

小和尚好色堕入地狱的比喻故事

修行求证佛果的出家人，不能贪恋美色。贪欲会破坏出家人佛法功德的根本。比如从前有一位阿罗汉，经常出入龙宫接受供养，为龙解说佛法。一次从龙宫用完斋饭回到寺院，把用过的食钵交给小和尚去洗。小和尚吃了钵中残留的米粒，感觉鲜美异常。便悄悄藏在师父往来龙宫的绳床下，用两手抓紧床腿，和坐在绳床上的师父一起来到龙宫。龙对师父说："这人没有证得佛果，怎么把他带来呢？"师父说："我没有发觉也不知道他跟来了。"小和尚得到了斋饭，又看见龙女相貌端正，身上散发着清香，美妙无比。贪欲之心萌生，暗暗立下誓言："我一定要夺取龙宫。"龙有所发觉，便对师父说："今后不要再带小和尚来。"

小和尚返回寺院后，专心布施持守戒律，一心祈愿早日变成龙身。有一天，他绕寺而行，发现南脚下出现了水，于是知道自己一定能实现成龙的心愿。就径自来到师父去往龙宫经过的大湖边，用袈裟蒙住头跳入水中，当即死去，后转生为大湖中的龙。因为修持的福德大，就杀死了龙王，整个湖水都被龙王的血染红了。在他还没投湖之前，师父和其他僧人都斥责他。然而小和尚说："我的决心已定，各种征兆已显现出来了，请各位僧人到湖边见证吧。"因为有这样的因缘，所以出家人不应当贪恋美色佳肴，以致丧失修行的善根。错误的见解会使出家人坠入邪恶的深渊。

【辨析】

这篇故事的第一段与《旧杂譬喻经》中的第六篇《沙弥为龙作子喻》的情节有相似之处，但立意却相去甚远。本经情节简单，小和尚在贪欲的驱动下，一心要达到成龙的目的，且有杀害龙王取而代之的恶行。《沙弥为龙作子喻》的情节则要复杂，龙王和小和尚彼此都愿意交换位置，而且还细致地描述了龙之"三苦"，一是美食到嘴里变为蛤蟆；二是行夫妇之事，会变为两条蛇交配；三是龙背上有逆鳞，沙石生鳞中，疼痛钻心。结果是小和尚最终成龙，而龙王转生为人，各遂其愿。

本篇第二段内容"一心布施持戒，专求所愿早作龙身"与"即死返为大龙。福德大故即杀彼王，举池尽赤"这两句有悖于佛教教义。因为这里的布施持戒是为了满足贪欲，即龙宫的美食和美色；福德大的表现是能杀龙王取而代之。而佛教的基本教义是布施持戒能得到身心的清净；福德大的俗解是往生三善道，义理是证悟佛果，绝无通过修行能有杀生的"福德"。

当然，小和尚能如愿以偿，还表明修行遂而有成龙之功；而

"杀彼王"、"为大龙",对于长期处于封建专制压迫下的百姓来说,有其一定的意义。故事最后"不当贪着好香美色,丧失善根,见堕恶道",则又归于佛理,以教化众生。

十一

念佛功德喻

【题解】

本文通过天人将亡之际，诚心念佛得以转生为人，最终证悟佛果的描述，阐发了佛陀悲心广大，泽被一切生灵的喻理。

【经文】

昔有天人，食福欲尽。七证自知：一者，头上华萎；二者，颈中光灭；三者，形身损瘦；四者，腋下汗出；五者，蝇来着身；六者，尘土坌衣；七者，自然去离本座。自知福尽，下生世间贫穷家与疥癞母猪作子，愁忧不乐。

更有一天人来问："汝何以不乐？"答曰："吾寿将终，下生为疥癞母猪作子，是故愁耳。"彼天曰："释迦文佛[1]在忉利天宫为母说法[2]，当往归依，及比丘僧可得免苦。"

便往诣佛所，志心归命，七日之后寿尽，来生世间大长者家。母妊娠后，恒闻三归声。至十月满乃生堕地，长跪叉手归命佛法僧。其母惊谓是不祥，便欲杀之。思惟言："长者之子不可便尔，罪我不少。"即往白长者，具说此意。长者言："人生居世，不知归命三尊。而生此儿，才生已知三尊，将是神人，好养之勿怪也。"

此儿之福才聪特异，父母爱重。至年五岁与同辈道边戏，时舍利弗、目连过前为作礼。舍利弗曰："未见小儿作礼如此。"儿白道人："不相识耶？"舍利弗即入定观其本相，乃知是彼天人。便长跪诣舍利弗目连："愿尊为请佛及僧，明日造鄙舍食。"即便许之。儿归白父母言："向请舍利弗、目连，愿世尊明日屈意饭食。"父母欢喜，即为竭财，上膳食具。

明日佛将诸大众往到其家，儿及父母迎佛作礼。佛即就座，行水下食，须臾已讫。佛为说法，父母及儿皆得无所从来法忍[3]。百千天人，发无上正真道意。经言："能竭慈，可谓如此矣。"

【注释】

[1] 释迦文佛：佛陀在未成佛时的称号。

[2] 忉利天宫为母说法：忉利天，译为三十三天，为欲界的第二层天。其东、西、南、北，各有八天，共三十二天。中间叫三十三天。三十三天的天主叫帝释天，是佛教的护法。佛陀生母摩耶夫人，是净饭王妃。她生下佛陀七天，因难产去世。

[3] 无所从来法忍：即无生法忍，指不生不灭的境界。

【译文】

念佛号得福报的比喻故事

从前天界的一位天人，福报将尽。七种先兆令他感知：第一种，头上戴的装饰花枯萎；第二种，脖颈上的光环消失；第三种，身形消瘦；第四种，腋下出汗；第五种，苍蝇停在身上；第六种，身上的衣物蒙尘；第七种，不能坐起来了。他自己知道福报已尽，将要转生到人间一个穷人家里，为满身疥疮的母猪做猪仔，为此他愁苦不已。

有一位天人问他：你为什么不快乐呢？"他回答说："我的寿命将要终结，要转生到人间为满身疥疮的母猪做猪仔，因此愁苦。"那位天人说："佛陀正在忉利天为他母亲讲经，你应当前去皈依，出家修行的僧人都可以脱离苦难。"

天人来到佛陀的住所皈依佛法，七天之后寿终，投生到一位德高望重的长者家。在母亲腹中，每日诵三自皈依。胎满十月后出生，落地时合十跪拜念诵皈依佛、法、僧。他母亲深感怪异，恐怕是不祥兆，就想杀了他。但又想："我嫌孩子怪异就杀了他，他父亲一定会怪罪我。"就将儿子抱往丈夫处，告诉他孩子的情况。父亲说："人在世上一辈子，都不知道要皈依佛、法、僧，这小儿一落地，就知道皈依佛、法、僧，将来一定是有超凡之力的神人，要好好养育，不能怠慢。"

这个孩子极为聪敏，父母十分喜爱。五岁的时候和其他孩子在路边玩耍。这时佛陀十大弟子中的舍利弗、目揵连正好经过，孩子向前施礼。舍利弗惊奇地说："没见过孩子如此礼拜出家人。"男孩说："你们不认识我了？"舍利弗随即禅定冥想，知道了前缘，他就是那个天人。孩子跪拜目揵连、舍利弗，并说："恳请佛陀和僧人，明天来家里供斋饭。"目揵连、舍利弗欣然接受了邀请。孩子回家对父母说："我刚才看见佛陀的两位弟子经过，随即邀请佛陀，明天为他们设盛宴。"父母听后很高兴，倾其所有为客人准备了丰盛的美味佳肴。

第二天佛陀和僧人应邀来到孩子的家，孩子和父母恭敬地施礼迎接佛陀。佛陀随即就座，焚香洗漱，用斋结束后，佛陀为他们解说佛法，父母以及男孩都证得菩萨的境地。成百上千的天人，都皈依了佛法。因此说："能竭尽心力，慈悲为怀，就是这样做的。"

【辨析】

本篇比喻故事的内容与《旧杂譬喻经》第六十一篇《念佛功

德喻》内容相同，但更为单纯。以天人临终时皈依了佛教，从而得以投生人家，避免了成为猪仔的命运，以此来说明信仰佛教可以得到的福报。

　　故事从天神转生到人间的经历，表现了佛教六道轮回的思想学说。凸显的是中国佛教净土宗的修行方法。故事中"猪仔"和"长者子"两种命运的对比，造成视觉上和感觉上的强烈反差，给人留下了难忘的印象。以具体的、可感可知之形象将念佛可以得到福报的喻理体现得十分突出。

十二

放牛人供佛喻

【题解】

本篇故事讲述的是生前供佛的放牛人，死后得以往生天界以及在天界继续供佛的至诚之心，阐发了恭敬佛陀可得福报功德的喻理。

【经文】

昔有放牛人，在大泽中见有金色华，光明善好。自即生念："佛去此不远，当取供养。"即采华数斛，重担而去。未至道中，为牛所觝杀。心存佛故，即生第二忉利天上。所受宫殿广博严好，宫出四边，陆生金色华，光明彻照。诸天之法，适生天上。先观宿命，却食天福。

时彼天人自观宿命，具见采华，为牛所杀。欢喜叹曰："佛无量福祚[1]，未及设供，报已巍巍，况恒修德者？"便复取其宫边华，并持种种余供养具，欲遵本愿。诸天见其取华，皆往问之："汝方来受福，当五欲[2]自乐，而采华为？"天子报言："吾为人时，欲诣佛以华供养，竟不果愿，尚得来生此。况得作者，今所以取华，欲遵本愿，增将来福。"

尔时诸天，皆生善心。有八万四千天子，俱共来下作天伎乐。天花天香，种种供养。诸塔寺中未见佛，复有上座得道比丘而为说法。诸天闻法心皆欢喜，增诸功德，遂得见佛。鼓乐弦歌散众名华，种种供养佛及众僧。佛为说清净妙法，其人及八万四千诸天，皆得法眼[3]净。此天子之与八万诸天，皆昔日善知识[4]，今相发起，一时得道。

【注释】

[1] 福祚（zuò）：福德、福分。

[2] 五欲：由五尘，又称五境（色、声、香、味、触）而起的五种情欲称为五欲。又名五妙欲、五妙色。《佛遗教经》云："当制五根，勿令放逸入于五欲。"分别是：色欲，指执爱于男女的容貌及世间事物所具有的种种美妙的色相。声欲，指偏爱于曼舞轻歌、喃喃细语、丝竹管乐、天籁之声。香欲，指喜爱芬芳清香之物，以及甜香诱人之气。味欲，指沉溺于珍馐佳肴，山珍海味之美食。触欲，指喜好细腻滑软、手感舒适之物。

[3] 法眼：喻词，指对事物本质，即一切无常、无我的认识。

[4] 善知识：《入菩萨行论》云："真善知识者，深通大乘教，持菩萨胜律，虽逢命难缘，不舍菩萨戒。"善知识要通大乘教义、持菩萨戒。佛典对善知识还有不同的解释。但精通佛教经、律、论三藏，博学多闻，是其基本特征。

【译文】

放牛人供奉佛陀的喻理

从前有一位放牛人，在一个大池塘中看见有一片金色的花，在阳光下闪闪发光，十分美好。于是，他心想："佛陀离此处不远，应当把花拿去供养他。"于是放牛人就采了几束花，挑着担子去了。不料，走在半路上，被牛顶死了。由于放牛人心中有佛的缘故，便往生到欲界忉利天上。他住着宽广庄严、华丽美好的宫殿，宫殿四周的路边长满金色的花，光明遍照天际。按照天界的规矩，新到来者首先要观想了知自己的前世今生，才能享受天界的福报。

这位天人观想了自己的前世今生，看见自己想要采花献给佛陀，在半路为牛所杀，往生到了天界。就满心欢喜地感叹说："佛陀有无量福德，我还没来得及供奉，福报已如此巨大，更何况长期修行福德的人？"便摘取宫殿旁边的花，并捧着各种佳肴，想要完成自己供养佛陀的心愿。天人们看见他采花，都问他："你刚来享受福报，应当自己享受色、声、香、味、触的快乐，采花干什么？"这位天人回答："我在人间时，想以金色花供养佛陀，未能如愿，但因此得以往生到这里，何况那些能供佛的人？今天之所以采花，就是为了完成心愿，增加将来的福报。"

这时天人们听了以后，都产生了善心。有八万四千天人，一起来到人间，奏出天籁般的音乐。用各种天花、天香，来供养佛陀。他们在各处的佛塔寺院中没有见到佛陀，这时有得道的高僧出来为他们解说佛法。天人们听了佛法后都皆大欢喜，增加了功德，这样才得以见到了佛陀。鼓乐弦歌齐奏，天花飘散，为佛陀和僧人设置了各种供养。佛陀为天人们解说清净玄妙的法理，这位天人以及八万四千天人，都证得清净法眼。这位往生到天界的人与八万四千天人，都曾是通达大乘教义的人，当时一同发起证悟之心，随即证得佛果。

【辨析】

这篇比喻故事所讲述的，在常人看来应该是一件令人痛心的事。一位放牛人，为了把金色的鲜花献给佛陀，不幸在路上遇到了意外而死于非命。但作者没有怀着遗憾来构思和安排情节，其后来的命运却令人感到轻松甚至于愉悦。献花的放牛人，由于心中有佛，往生到了美好的天界，享受着人间无法比拟的美妙生活。

作者笔下的天界，是信仰者的理想世界。在这里，放牛人得到了在人间永远也不会享有的生活，因此他满怀感恩之心采摘天花来完成自己未尽的心愿。他以自己供佛的亲身经历带动了八万四千天人，为了更大的福报，一起来到人间供奉佛陀。这样一来，整个故事的情节既合乎情理，也表达出了一种深刻的喻理：恭敬佛陀的人，都会得到超出预期的福报；信仰者的内心深处，都有着一个光明美妙的未来。

故事充满了丰富的想象，从一切服从于信仰的角度出发，引导修行者达到人神合一的理想境界。这种想象不仅具有理论价值，而且具有现实意义，因为佛教对于天界的描绘，恰恰反映了人们追求美好生活的强烈愿望。

十三

长者儿喻

【题解】

这篇故事通过亡子现身开示父母，化解悲痛，一方面反映了佛门天人相应、生死如一的生死观，另一方面说明只要心无块垒，信奉佛教义理，即可证得菩提的喻理。

【经文】

昔有外国，有一大长者大富，惟有一子爱重无比。后日得病大困，治之不瘥[1]，遂到无常[2]。临命终时，一心念佛。佛现形其前，心安意定便得生天。父母念子愁恼，便欲自杀不能自解。因以火烧取其骨着银瓶中，至月十五日，便施百味饮食持着其前，举声悲哭，宛转卧地。

天子在上见其所为，自念："我不现化，意终不解。"即下做小儿，年八九岁，在道边放牛。牛卒死卧地，小儿便行取草，着死牛口。举以杖打牛，呼言："起食。"父母大小见小儿所为，便共笑之。前问言："卿谁家子，何痴乃尔。牛今已死，举草着口，宁有食期？"而反笑言："我牛今虽死，头口故在，举草不食。况君儿死来已久矣，加火烧之，唯少燋[3]骨在地。以百味食着前而加啼哭，宁得食之不也?"其父意即开解,问儿:"卿是何人?"儿言:"我是长者儿,今蒙佛恩得生天上,见父母悲恼太甚,故来相化耳。"父意解大欢喜,无复愁忧。天子忽尔不现,父母归家即大布施,奉持禁戒,读经行道,得须陀洹果。

【注释】

[1] 瘥(chài):病除、病愈。不瘥,不愈。

[2] 无常:这里为代词,指死亡。

[3] 燋(jiāo):同"焦"。

【译文】

长者之子死后的喻理

从前有一个国家,有一位年长的富翁,只有一个儿子,夫妇疼爱无比。后来儿子得了大病,未能治愈而夭折。临终时,儿子一心念佛。佛陀以化身现形到他面前,使他心安意定,往生到天界。父母怀念儿子,极度忧伤,痛不欲生,始终无法化解悲痛,自我解脱。他们把儿子火化后,将骨灰放在银瓶中,到每月的十五日,便在银瓶前供上各种美味佳肴,放声恸哭,以至昏厥在地,不省人事。

在天界的儿子看见父母的状况,心想:"我如果不现身教化,父母的痛苦终究不会消解。"随即变成一个小孩儿来到人间,年纪大约有八九岁。在路边放牛,牛猝死卧倒在地,小孩儿便取来青草,放到死牛的嘴边,举起鞭子打牛,喊着:"起来吃草。"他的父母和老少乡邻们看见小孩儿的行为,便都笑了起来。上前问他说:"你是谁家的孩子,怎么这么糊涂?牛已经死了,现在把草放到牛嘴边,它怎么会吃呢?"小孩儿笑着反问说:"我的牛现在虽然死了，但头和嘴还在，把草放到嘴边它都不吃，更何况您的儿子呢？死去很久，已经火化了，只剩一些骨灰在这里，还以美味佳肴供奉而且痛哭不已，难道能让他吃吗？"他的父亲的心结当即化解，问小孩儿："你是哪里人？"小孩儿说："我是长者的儿子，今天承蒙佛陀的恩德往生天上，见到父母过度地悲伤愁苦，因此前来化解。"父亲理解了儿子的心意，十分欢喜，不再忧愁。忽然之间，天界的儿子不见了，父母回家后当即大行布施，供奉佛法，持守戒律，诵读佛经修行，证得了佛门初果。

【辨析】

这篇故事和《杂譬喻经》第四篇《牛死儿嗥喻》中父亲死后，母亲和儿女悲伤不已的情节大致相同。但主人公有所不同，本篇是儿子死后往生到天界，来化解父母的悲伤，情节更加完整。在佛教对待生死问题的表现上，显得更加人性化。本来，白发人送黑发人本身就是人生莫大的不幸，怎不令人悲痛欲绝？然而，人死不能复活，一味沉浸在失去亲人的悲痛中于事无补，应当从中解脱出来，正确面对生活。作者以"牛死不能吃草"来说明"人死不能吃饭"这一浅显的道理，顿时令人化迷开悟。在"人笑儿痴"和"儿笑人痴"的对比中化解失去亲人的痛苦，表达佛教对死亡的认知。

十四

诵经得福喻

【题解】

这篇故事讲的是佛陀的堂弟、"多闻第一"的阿难前世今生的因缘，阐发了诵读精研佛经，则可世世代代睿智博学的喻理。

【经文】

昔无数世时，有一佛图[1]，中有沙门数千余人，止住其中。遣诸沙弥数百人行分卫[2]供给众僧。日输米一斛，师便兼课一偈[3]。有一沙弥，时过市中行且诵经。

时肆上有贤者，见沙弥行诵，礼而问曰："道人行何所说？"答曰："分卫给僧兼诵一偈。"贤者又问："若无事可诵几偈？"答曰："可得十余偈。"又问："分卫几日？"曰："九十日，当输九十斛米。"贤者谓诵道人："但还安意诵经，我当相代出米。"沙弥大喜，贤者与米九十斛。还报师已，便闲读经。经三月，通千四百偈。启师："诵经已讫，要当诣檀越[4]家试之。"师即听。

诣贤者所报曰："蒙君重惠得安诵经，今经已止故来说之。"沙弥诵文句，流利无有踬碍[5]。贤者欢喜稽首为礼："愿我来世聪睿博达多闻不忘，因此福愿世世所生明识强记。"及到佛出世现为弟子，名曰阿难。常侍世尊，特独辩通博闻第一。师曰："时贤者今阿难是，夫劝助学者志求愿功德不虚，缘是福报随愿而得如是也。"

须弥山[6]南有一大树，高四千里，诸钵叉鸟[7]栖宿其上，树常不动。有小鸟形类鹑鴳[8]，住止其上，树即振摇。钵叉鸟语树神言："无知我身将重而初不动，小鸟未宿反更振动。"树神言："此鸟虽小从大海底来纯食金刚，金刚为物所堕之处无不破坏，所以大怖不能自安。"

经以为喻：若有凡人解深经一句口诵心念，身中三毒[9]、四魔八万垢门[10]皆不能自安，何况博采众法，为世桥梁者也。

【注释】

[1] 佛图：又称浮图，佛塔。本处借指佛寺。

[2] 分卫：即乞食。

[3] 偈：诗句，佛经中可吟唱的颂词。一般以五言形式出现。

[4] 檀越：指施主。

[5] 踬碍（zhì ài）：踬，绊倒。踬碍，指阻碍。

[6] 须弥山：佛教认为宇宙由无数个世界构成。一千个"一世界"称为一小千世界，一千个小千世界称为一中千世界，一千个中千世界称为一大千世界，合称为三千大千世界。"一世界"即一佛教化的境地，其最下层为一层气，称为风轮；其上为一层水，称为水轮；水轮之上为一层金，称为金轮；其上为山、海洋、大洲等构成的大地；须弥山则是"一世界"的中心。

[7] 钵叉鸟：佛经中的神鸟。

[8] 鹑鴳（chún yàn）：小鸟名。传说中的赤凤。

[9] 三毒：佛教指贪、瞋、痴。

[10] 四魔八万垢门：四魔，指地、水、火、风"四大"。八万垢门，四魔构成的和合之身产生的八万四千妄有心识。所谓"佛说八万四千法，对治八万四千心"。

【译文】

吟诵佛经得福报的比喻故事

在很久以前，有一座佛寺，寺中住着几千个出家修行的人。每天都要派几百个小和尚外出乞食，供给僧人。小和尚每日乞米一斗，师父便教禅诗一首。有一位小和尚，经过集市时一边走一边念诵佛经。

当时集市上有一位贤明的人，看见小和尚诵经，行礼后问道："出家人念诵的是什么？"小和尚回答说："乞食给僧人后师父教的一首禅诗。"贤明的人又问："如果不乞食可以背诵几首？"回答说："可以背诵十几首。"又问："你要乞食几天？"小和尚回答："九十天，交上九十斗米。"贤明的人对背诵禅诗的小和尚说："你安心念诵佛经，我替你交上米。"小和尚听了十分欢喜，贤明的人就给了他九十斗米。小和尚回去告诉了师父后，便一心读经。经过了三个月，他研习背熟了一千四百首禅诗。便对师父说："我已经可以背诵佛经了，要到施主家试一试。"师父同意了。

小和尚来到贤明的人家汇报说："承蒙您恩惠使我安心背诵佛经，今天已经做到了。"小和尚背诵经文，极其流利畅达。贤明的人内心喜悦，叩首行礼说："愿我不仅来生聪明睿智，博闻强记，而且世世代代都博学多闻。"到佛陀出世时，他成为佛弟子，名叫阿难。他常追随佛陀，博得"多闻第一"的称誉。法师说："当时贤明的人就是今天的阿难，帮助修学者发愿勤修，功德不失，有这样的因缘才得到今天的福报。"

在须弥山的南方有一棵大树，高四千里，大神鸟栖息在树上时，大树并不摇动，鹡鸰这样的小鸟停在树上时，大树随即摇动。神鸟对树神说："我不明白我的身体这样重而树并不摇动，小鸟还没停稳大树就剧烈地摇动。"树神说："这鸟虽小，但却从大海底觅食金刚石，金刚石落到之处无坚不摧，所以我很害怕，不能安心。"

本经比喻：如果有人能理解深奥的佛经一句，且口诵心念，身心中贪、瞋、痴以及地、水、火、风和合而成的八万四千妄有心识都将不能安住心中，更何况博采佛法，为世人铺设度脱苦海桥梁的人呢？

【辨析】

这篇比喻故事情节较为复杂，通过两个故事，表现出两重喻理。

第一个故事着重塑造了三个人物形象：

师父，比喻佛教的"法布施"，即传播佛教经典的僧人。佛经中的偈言，字数不等，以五言较为常见，通常在佛陀讲经后进行归纳，即"尔时世尊，欲重宣此意，而说偈言"。本经中所讲的佛偈，就是为了便于记忆的诗句或唱词。我们把其译为"禅诗"，意为寄寓佛理的诗句。

沙弥，是不满二十岁，行五戒十善的出家修行者。喻指佛教师徒之间口传心授的传教方式。佛陀传教时，当时并无记录。因此佛陀去世后，弟子们为了确定佛陀的教义，进行了几次"结集"，即由跟随佛陀时间最长，记忆力最好的阿难口诵佛陀所说，大家一起确认无疑后记录下来，成为佛经。

贤明的人，明示是佛弟子阿难的前身，比喻博闻多学且精通佛典教义的出家人。

通过三个人物"传经"、"诵经"、"助学"的叙述，表现出要想"来世聪睿博达，多闻不忘"，就必须"劝助学者"，为佛教经文的传播做出功德的喻理。

第二个故事讲述的是"小鸟"如何以神力撼动"大树"，塑造了两个"拟人化"的神灵形象。

故事运用了多种表现手法，使人读来意趣盎然。首先是调动了人的想象力，且极具夸张之能事。大树"高四千里"，小鸟虽小却食大海深处无坚不摧的金刚石。其次是鲜明的对比，在形象上，有大树和小鸟的对比；表现上，有以小撼大而形成的对比；心态上，有小鸟不以为然，大树"大怖不能自安"的对比。此外在描写大树的摇动时，从"常不动"到"即振摇"再到"更振动"，逐层递进，给读者留下深刻印象。

　　以鸟儿虽小，却能撼动万丈神树的故事，阐明了即使只诵一句佛经，也可获得无量功德的喻理。

十五

目连与父诤喻

【题解】

本文通过佛陀的弟子、"神通第一"的目揵连前世曾对父亲心生恶念，今生终遭报应的因缘，论述了佛教修心慎言的喻理。

【经文】

佛语目连："汝对欲至。"目连言："我有神力，超蹋须弥山。对若东来，我便向西；若北来，我当趣南。那得我耶？"佛语目连："罪福自然不可得避，远飞不息乃堕山中。"

时有车辐[1]老公，目连正堕其前，形状似鬼。老公谓是恶物，举车辐打之，即折其身。目连被痛甚羞懊恼，尽忘本识。佛哀念之，授其威神，尔乃得自思惟还复本形。是砰车辐老公，目连前世时父。目连与父诤，目连意中念言："扢杀[2]此公骨折快也。"是以得此罪殃，慎莫作不孝之罪。是以人生处世，不可不慎心口而孝养父母也。

【注释】

[1] 车辐：车的轮辐。本文指驾车的老翁。

[2] 挝（zhuā）杀：打，敲打。挝，同"抓"。

【译文】

目揵连与父亲争吵的比喻故事

佛陀对目揵连说："你如何面对不断追逼而来的欲望？"目揵连说："我有神通之力，可以超越须弥山。欲望如果从东来，我便向西去；倘若从北来，我就向南去。妄有之心哪里能追得到我呢？"佛陀对目揵连说："罪业福德自然而来，是无法逃避的，你即便远飞而去，不曾停歇，最终也会坠入山中。"

当时有一位老翁正在山中驾车而行，目揵连从空中正好坠落到他的面前，形状似鬼。老翁以为是邪恶之物，就举起车辕上的木杠打去，当即打断了他身骨。目揵连被打得痛不堪言，极其气愤懊恼，一时忘却了自己的所在。佛陀怜悯他，赋予他神通之力，才使目揵连恢复了原形。用木杠打他的老翁，正是目揵连前世时的父亲。一次，目揵连与父亲争吵时，他心中愤怒地想："打断这老家伙的骨头才好。"所以他才遭此罪业的惩罚。人切莫犯下不孝之罪。所以人的一生，不可不慎言修心，孝敬赡养父母。

【辨析】

这篇比喻故事，表现了佛教教义中十分重要的内容。

一是业力果报学说。佛教认为业力不失，所谓善有善报，恶有恶报。这种学说包含着十分丰富的伦理思想，具有普世价值。同时，也符合一切善良人们的心理期许，蕴涵着为世人普遍认可的生活逻辑。这就是：谁种下仇恨，谁自己遭殃。

二是佛教的家庭观。有些人认为出家人不孝敬父母。这种认识是偏颇的，是传统社会中宗法思想的一种表现。因为在中国封建社会，人们有一个共识：不孝有三，无后为大。出家修行的人没有后代，岂不是大逆不道？其实，出家修行永远都是少数人的选择。而且，出家人是以天下一切众生的利益为己任，情系苍生，心怀天下所有的父母，所以，不可谓之不孝不敬。

三是修行先修心，而且身、口、意三业都要同时兼修，哪怕是心中的一闪念，也不能放过。佛教这种高度的自我约束、自律内证的守戒修持，代表了人类自我完善的境界，表现了宗教所具有的超越意识。

十六

蛇听经喻

【题解】

国王临终时，服侍者手中的扇子不慎掉到国王脸上，国王心中遂生怨怒，被三毒所惑，死后坠入三恶道，变成一条蛇。故事比喻信奉佛法的人，要保持内心清净，即使在生命的最后时刻，也要尽除"三毒"，才能往生"三善道"之中。

【经文】

昔有沙门行草间，有大蛇言："和尚道人。"道人惊左右视之，蛇言："道人莫恐莫怖，愿为我说经，令我脱此罪身。"

蛇曰："道人闻有阿耆达王[1]不？"答曰："闻。"蛇曰："我是也。"道人言："阿耆达王立佛塔寺，供养功德巍巍，当生天上，何缘乃尔也？"蛇言："我临命终时，边人持扇堕我面上，令我瞋恚，受是蛇身。"道人即为说经，一心乐听不食七日，命过生天。却后数月，持花散佛。众人怪之，在虚空曰："我阿耆达王，蒙道人恩，闻法得生天上，今来奉花报佛恩耳。"

是以临命之人，傍侧侍卫者，不可不护病者心也。

【注释】

[1] 阿耆达王：北印一小国的国王。阿耆达，意为信奉火。

【译文】

大蛇听佛经的喻理

从前有一位出家人，走在杂草丛生的小路上，突然听到一个低沉的声音说道："修行的和尚。"出家人感到十分惊讶，左右张望，看到一条大蛇，大蛇说："修行者请不要惊恐害怕，我祈求您为我讲说佛法，让我得以脱离这罪业之身。"

大蛇问道："您听说过阿耆达王吗？"出家人回答："听说过。"大蛇说："我就是阿耆达王。"出家人问："阿耆达王建造了许多佛塔，供养佛法的功德广大，理当往生天界，怎么会是这样呢？"大蛇说："我临终时，身边服侍我的人不慎失手把扇子掉在我的脸上，使我起了瞋恨之心，死后转生成蛇身。"出家人立刻为大蛇解说佛经的各种妙理，大蛇一心听法七天七夜不眠不食，死后往生天界。几个月后，天人手捧天花到佛陀的住所撒花供佛。人们见天花飘落感到很奇怪，天人在空中说："我是过去的阿耆达王，承蒙出家人为我解说佛法，得以往生天界，今日撒花就是来报答佛陀的恩德。"

因此对临终之人，在旁边服侍他的人，不能不护理好临终者的心灵。

【辨析】

这篇比喻故事见于不少佛经中，流传广泛。其所喻之理，在于对临终之人内心世界的关注和爱护。这一问题，在实际生活中往往不被人重视。人们更多的是关注和照顾临终者的身体，提供救治，以延长生命为主，而忽略其心灵和精神的需求。因此，无论在我们的生活中还是学校的教育中，都缺乏临终关怀方面的内容。

佛教教义中，不仅涉及生命教育方面的内容十分丰富，而且还有具体可行的方法。佛教直面人的生、老、病、死，以解脱生死为终极目标。临终之人，身心俱苦，最需要精神的抚慰。通过心理疏导帮助其解除对死亡的恐惧，平和、安详有尊严地离去。这是佛教的大悲、大慈、大爱之心的体现，代表了人类崇高的社会伦理。同时，临终关怀事业也是一个社会文明程度和以人为本观念的体现。

此外，佛教对人内心的洞察是极为细致的，即使是临终时的一闪念，也要去除贪、瞋、痴，追寻佛、法、僧。故事以"临终一瞋"的细节，告诫人们恶念会使人遭到恶报。暗喻戒瞋、制怨、感恩就会使人上天堂。点化众生，使人心向善。

十七

持金恐失喻

【题解】

本文以持有金银者唯恐失去的惴惴不安和后来布施舍财的行为，反映出佛教的财富观：早布施早得福，比喻布施是成就佛果的善缘。

【经文】

外国有一人治生，进金银数千斤，意甚重之。欲藏着地中，恐蝼蛄[1]、虫、鼠而侵盗之；欲藏着草泽中，复恐狐狸、野兽取之。复不信家室中外兄弟妻子，便着怀中出入行来恒恐失之。

时长斋之月，四辈弟子[2]尽诣塔寺烧香散花。此人观视具见如是，复见塔寺前有一大钵，四辈弟子绕塔[3]，持金银钱物投之钵中。其人问曰："何以投宝着此钵中耶？"道人答曰："此名布施，二名牢固藏，三名不知腐朽。"其人思惟："真实如是人言，称吾所求。"便持金银尽投钵中。

道人为咒[4]愿，又说："牢固者，水不能没，火不能烧，盗贼、怨家不能侵害；投之宝藏不知腐坏，当来获报百千万倍，故名布施。"其人意解，欢喜无量，即于塔前得须陀洹道。是以志心作福，功不唐捐，自致得道。

【注释】

[1] 蝼蛄（lóugū）：数十种生活在地下昆虫的通称。有翅，夜间可出洞，吃植物根茎。

[2] 四辈弟子：指比丘、比丘尼、优婆塞、优婆夷。即僧、尼和在家信佛的男、女居士。

[3] 绕塔：指从右旋绕佛塔，同"绕佛"，以示敬仰。

[4] 咒：指祈福禳灾、驱鬼降妖的口诀。佛教咒语意为佛之密语，非圣贤不解。诵咒大体上有成就、增益、破恶、召魔降伏、伏一切邪咒、吉祥等功德。

【译文】

带着金银唯恐丢失的比喻故事

外国有一个做生意的人，挣得几千斤金银。他把这些看得很重，想藏在地下，担心蝼蛄、爬虫、老鼠毁坏；藏在草丛沼泽中，又怕狐狸和野兽弄走。也不相信家中的兄弟、妻子等一家大小，便把金银揣在怀中随身带着，唯恐丢失。

这时佛弟子要行斋戒一个月，僧、尼和男、女居士都到寺庙烧香供花。怀揣金银的人也去观看，见到寺庙佛塔前有一个大钵，佛弟子都绕塔礼佛，把带来的金银和钱财都投到钵中。这人问："为什么要投财宝到钵中呢？"出家人回答："这是布施，又名不会丢失的宝藏，也称不会腐朽的宝藏。"这人心想："确实如此人所说，那也是我所求的。"便把怀揣的金银全都投入钵中。

出家人为这位投金银者念福咒祈愿，又说："牢固的东西，水不能淹没，火不能烧毁，盗贼、仇家不能偷走和伤害；投下的宝藏不会腐朽损坏，会获得百倍、千倍、万倍的福报，因此称为布施。"投金银者听后，了知其意，内心欢喜，当即在佛塔前证得佛果。所以发愿立志，勤修福德，功不可没，自然会证得佛果。

【辨析】

这篇比喻故事表现的是佛教对待人生财富和社会财富的基本看法。其中包含着对社会现实的批判和扬弃，展示了在私有社会的体制下，一种极具理想价值的财富观。财富属于社会、属于众生，生不带来，死不带去，早日回归社会，尽早布施，早得心安。佛教宣扬的这种认识，并非停留在理念上，而是把它落实在修行的实践中。

佛教教化的最大特点，就在于对人心的考量和把握。本文对拥有财富者心理的透析和解读十分准确生动。故事的主人公自从获得了很多的金银财宝后，不仅没有换来心灵的富足和生活快乐，相反，他失去了往昔的安宁。他找不到一个可以放心存放金银的地方，整天把财宝揣在怀中。财富使他丧失了对亲人的信任，这种对亲情的日渐疏离，使他整日都处在担心和焦虑之中。他已经被财富"异化"了。故事对人物心理的描写不仅细腻，而且具有说服力。在现实生活中，财富给人带来灾难的事，几乎每天都在发生着。正像我们常听到的一句话：这人除了金钱什么都没有了。对于短暂的人生来说，如果失去了友情、爱情乃至亲情，只剩下赤裸裸的利益关系，那么这样的一生注定是悲哀的。佛教开出的解决方法是布施舍财，回馈社会。其意义也就不言而喻了。

故事巧妙地运用了逐层对比的手法，一方面是财宝揣在怀中的不安，一方面是因"此名布施，二名牢固藏，三名不知腐朽"和"牢固者，水不能没，火不能烧，盗贼、怨家不能侵害，投之宝藏不知腐坏"而舍财的行为，以及布施者获得的百倍、千倍、万倍的福报。如果当财富已经不能再给人带来幸福时，又有什么理由不去这样做呢？布施得福报的喻理也就自然而然地昭示于世人了。

十八

雀离寺师将沙弥下喻

【题解】

这篇比喻故事，表现了小乘佛教到向大乘佛教的发展。认为小乘佛教成就罗汉果位，追求的只是个人的解脱；大乘佛教的菩萨道，是追求众生的解脱。从而阐发了修行菩萨是进取、退守罗汉有缺失的喻理。

【经文】

昔雀离寺，有一长老比丘，得罗汉道。将一沙弥，时复来下，入城游观。衣钵大重，令沙弥担，随其后。

沙弥于道中，便作是念："人生世间，无不受苦。欲免此苦，当兴何等道？"作是思惟："佛常赞叹菩萨为胜，我今当发菩萨心[1]。"适作是念，其师即以他心通照其所念。语沙弥言："持衣钵来。"沙弥持衣钵，授与其师。师语沙弥："汝在前行。"沙弥适在前行，复作是念："菩萨之道，甚大勤苦。求头与头、求眼与眼。此事极难，非我所办。不如早取罗汉，疾得离苦。"师复知其所念，语沙弥言汝："汝担衣钵，还从我后。"如是三返。沙弥怪愕，不知何意。前至所止处，叉手白师："请问其意。"师答曰："汝于菩萨道三进，故我亦三反，推汝在前。汝心三退，故推汝在后。"

所以尔者，发菩萨心其功德，胜满三千世界[2]，成就罗汉故也。不可为喻也。

【注释】

[1] 菩萨心：指对众生大慈大悲之心，救苦难大行大愿的实践。

[2] 三千世界：根据古代印度人的宇宙观而来。他们把整个宇宙称作三千大千世界。人居住的世界，称为一小世界。它以须弥山为中心，周围有四大洲，其周又有九山八海。其范围上自色界的初禅天，下至地下的风轮。其中有日、月、须弥山、四天和四天王、三十三天、夜摩天、兜率天、乐变化天、他化自在天、梵世天。集这样一千个小世界，称为一小千世界；集一千小千世界，称为一中千世界；集一千中千世界称为一大千世界。因为大千世界包含大、中、小三种"千世界"，故称为三千大千世界。佛教沿用此说，认为三千大世界为一佛教化的世界，亦称一佛国。大乘佛教认为有无量三千大千世界，亦有无量佛国。

【译文】

师父告诫弟子发菩萨心的比喻故事

从前西域的雀离寺，有一位年高德隆的和尚，证得了罗汉道果。一天，他带着一位小和尚，走出寺庙，到城里游历观访。袈裟和斋钵很重，他让小和尚挑着担子，跟随在他身后。

小和尚在路上，心想："人生在世，时时遭受苦难。若要免除苦难，应当修行哪种道果呢？"他这样想："佛陀常常赞叹菩萨境界殊胜，我应当立下成就菩萨的心愿。"他这样想时，师父随即就以

"他心通"了解了弟子的心思。就对小和尚说:"把袈裟和斋钵拿来。"小和尚拿出袈裟和斋钵,给了师父。师父对小和尚说:"你在前面走。"小和尚就走到前面了。又心想:"修行菩萨道果,非常辛勤劳苦。需要施舍头时就要给头、需要施舍眼睛时就要给眼睛。这样的事太难了,不是我能做到的。不如自己尽早证得罗汉果位,很快脱离苦难。"师傅又知道了他的想法,对小和尚说:"你来担着袈裟和斋钵,仍跟在我后面。"就这样反反复复了三次。小和尚感到很奇怪,不知这是什么意思。到前面休息时,合十行礼问师父:"请问您的法意。"师父回答:"你有三次想修行菩萨道,所以我也有三次让你在前面走。你的修行之心三次退缩,所以让你走在后面。"

所以说,发心修行菩萨道的功德,殊胜三千大千世界,才能成就阿罗汉的因缘。不可以不知道这样的喻理啊。

【辨析】

这个故事内容与《杂譬喻经》第四十五篇《雀离寺师将沙弥下喻》全文只有四个字的差异,在结尾处多了一句"不可为喻也"。全文看似简单,却富有机趣。师徒二人,一老一少,一前一后,一会儿前后换位,一会儿交替拿着袈裟和斋钵。整个情节的展开,以不断变化的动态,让人感受其中的禅意。其多层喻义在于:

开始,当师父在前、小和尚在后挑担,比喻修行的路上有高僧来引路,弟子要负重前行。所拿的袈裟比喻出家,所带斋钵比喻行脚修行。

当小和尚想修行菩萨道时,师父就叫他走在前,自己在后拿着袈裟和斋钵,借喻弟子发菩萨愿,功德殊胜,"长江后浪推前浪,流水前波让后波"、"修行路上无先后,菩提正觉无老少",这就将大乘佛教平等无际的理念暗喻其中。

在小和尚觉得菩萨修行太辛苦,想早日脱苦证罗汉时,师父又让其如开始时一样。借喻意念后退，还得当师父的开示和引导。

"如是三反"，这样前后反复了三次。以此比喻修行之路艰难曲折。同时，在表达方式上，达到了"举一反三"、"一波三折"之效果。

故事的另一细致之处，在于对小和尚的心理刻画。这种刻画是借用了师父的"他心通"来完成的。其实，这也并不神秘。佛陀的修行讲究的是"反观内照"和"如实观察生活"。所谓禅修，就是要观想，包括一切自然现象和一切心理感受，也就是佛家"拈花微笑"、"以心传心"的法门。

十九

兄弟二人为沙门喻

【题解】

兄弟二人出家修行，因前世持戒之不同，导致今生果报之不同。本篇以此比喻奉行布施、持戒、忍辱、精进、禅定、智慧六度，才是正确的修行方法。

【经文】

昔迦叶佛时，有兄弟二人，出家俱为沙门。兄好持戒坐禅，一心求道，而不好布施；弟好布施、修福，而喜破戒。

释迦出世，其兄值佛出家修道，即得罗汉。而独薄福，常患衣食不充，与诸伴等，游行乞食，常独不饱而还。其弟生象中，为象多力，能却怨敌，为国王所爱。以好金银珍宝璎珞[1]，其身封数百户邑，供给此象，随其所须。

兄比丘者，值世大俭。游行乞食，七日不得。末后得少粗食，殆得存命。先知此象，是前世兄弟。便往诣象前，手捉象耳，而语之言："我与汝俱有罪耶。"象便思惟比丘语，即得自识宿命，见前世因缘。象便愁忧，不复饮食。象子怖惧，便往白王言："象不复饮食，不知何意？"王问象子："先无人犯此象不？"象子答王言：

“无他异人，唯见一沙门，来至象边，须臾便去耳。”王即遣人，四处觅此沙门。有人于林树间得，便便摄此沙门，将诣王前。王问沙门言：“至我象边，何所道说？”沙门答王言：“无所多说，我直语象言：我与汝俱有罪耳。”时沙门便向王，具说前世因缘事。王意便悟，即放此沙门，令还所止。

是以修福之家，戒施兼行，莫偏执。而功德不备也。

【注释】

[1] 璎珞（yīng luò）：珠玉穿成的装饰物，多用作颈饰。《妙法莲华经》有：“金、银、琉璃、砗磲、玛瑙、真珠、玫瑰七宝，合成众华璎珞。”因璎珞由珍宝而成，常用来装饰佛像。在唐代成为贵妇项上佩戴的饰品。

【译文】

兄弟二人出家修行的比喻故事

从前，过去佛大迦叶在世时，有兄弟二人，出家修行佛法。哥哥喜好持戒坐禅，一心证求道果，却不喜欢布施；弟弟喜好布施、修福积德，却不能严守戒律。

到佛陀在世时，哥哥跟佛陀出家修行，证得罗汉果位。但他福报浅薄，常有缺衣少食之困。和僧人一起结伴外出乞食时，只有他常饿着肚子回来。他的弟弟转生为大象，力大无比，能抵御外敌，为国王所喜爱。国王用金银和珍宝制成的璎珞佩戴在象身上，有几百户人家供给这头大象，随时满足它的需要。

当时为哥哥的出家人，正值灾荒年间。出外乞食时，一连七天都没有得到饭食，最后只得到了一点很粗劣质的食物，才得以活命。他知道大象是他前世的弟弟。就来到大象跟前，用手捉住象的耳朵，对它说："我和你前世都是有罪业的人。"大象想了想出家人的话，随即知道了自己的宿命和前世的因缘。于是大象陷入忧郁中，不再吃喝。小象见此情形感到很害怕，就到王宫对国王说："大象不吃不喝，不知是为什么？"国王问小象："有人惹怒这头大象吗？"小象回答："没有其他人，只有一位出家人，到过象的身边，不一会儿就走了。"国王立即派人，四处寻找这位出家人。有人在树林中找到了他，将他带到国王面前。国王问出家人说："你到我的大象旁边，说了什么？"出家人回答说："我没多说什么，只是告诉象说：'我和你前世都有罪业'。"这时出家人就向国王详细讲述了他和大象的前世因缘。国王知道了其的原委，就放了这位出家人，让他回到自己的住所。

所以修福之家，戒律和布施二者要兼修并行，切莫偏执其一，从而使修行的功德不完备。

【辨析】

这篇比喻故事和《杂譬喻经》第四十七篇《兄弟二人共为沙门喻》内容几乎相同，但结尾处多了"是以修福之家，戒施兼行，莫偏执。而功德不备也"一句，就使全文喻理更为彰显：戒施双修，不可偏废；修行福德，缺一不可。

佛教戒律对于出家人来说，就相当于世人之法律。违律就要受到惩戒，严重的还要逐出寺院。持戒守律也是佛教弟子区别于世俗之人的标志。传说当年佛陀临终时，当弟子们问到在他灭度之后，应当以谁为师时？佛陀回答：以戒律为师。

故事中的兄弟二人由于对律法的持守不同，在来生的宿命就产生了差别。前生守戒的哥哥，今世仍然为僧，但由于前生不喜欢布施，所以今世缺少供养；弟弟喜布施，不守戒，所以今世坠入畜生道，成为一头得到丰富食物的大象。这种结局初看来似乎合情合理。但是细究起来，又似乎觉得不合理。因为对于哥哥来说，前生是僧，今生还是僧；但对于弟弟来说，前生是僧，今生为象。按照佛教理趣，业力不失，过去、现在、将来，互为因果。那么，今生是僧，还可证悟佛理，来生为人、天神、罗汉；可如若是象，未来将如何呢？这恐怕也是故事中的弟弟，今生的象"愁忧，不复饮食"的原因。象是难以改变了，但这不符合"一切无常"的教义。当然，这毕竟只是一篇比喻故事，在大乘佛教看来，也只是一种方便，一种言说罢了。

故事中兄弟二人的醒悟，是一种自觉的认识过程。"我与汝俱有罪也"，表现出修行者的"自律"、"自查"。这种认知态度，有助于我们进行自我反省，对于改造自我，完善自我，也是大有益处的。

此外，拟人化的描写，使读者对于弟弟和大象之间的转换，在前世所然的因果关系中，很自然地完成了。同时也赋予大象人性化的特质，可以使读者产生不同的解读，从而开启人的心智。

二十

比丘被摈喻

【题解】

一位是被逐出佛门的出家人，一位是被天王逐出天界的鬼，两者沆瀣一气，坑蒙拐骗。无论是"同病相怜"也好，或是"臭味相投"也罢，故事以其最终身败名裂的结局，来比喻修行者要迷途知返，自正其身。

【经文】

昔有一比丘被摈，懊恼悲叹，涕哭而行。道逢一鬼，此鬼犯法，亦为毘沙门天王[1]所摈。时鬼问比丘言："汝有何事，涕哭而行？"比丘答言："犯僧事，众僧所摈。一切檀越供养尽失。又恶名声流布远近，是故愁叹涕泣耳。"鬼语比丘言："我能令汝灭恶名声，大得供养。汝可便立我左肩上，我当摈汝虚空中行。人但见汝，而不见我身。汝若大得供养，当先与我。"彼鬼即时，担比丘，于先被摈聚落上，虚空中行。

时聚落人见皆惊怪，谓其得道。转相谓言："众僧无状，枉[2]摈得道之人。"时聚落人，皆诣此寺，呵责众僧，即迎此比丘，住于寺内，遂大得供养。此比丘随所得衣食诸物，辄先与鬼，不违本要。

　　此鬼异日复担此比丘，游行空中，正值毗沙门天王官属。鬼见司官，甚大惊怖，掷弃比丘，绝力而走。此比丘遂堕地而死，身首碎烂。

　　此喻行者，宜应自修所向无疑。恃托豪势，一旦倾覆，与彼无异也。

【注释】

［1］毗沙门天王：佛教四大天王中的多闻天王。

［2］枉：原文为古今皆无的异体字，根据文意为此。

【译文】

出家人被抛弃的比喻故事

　　从前有一位出家人被逐出了佛门，他心中懊恼悲伤，一路哭泣而行。路上遇到一个鬼，因犯了天条，被多闻天王赶出了天庭。这时鬼问出家人：“你因为什么事，哭泣而行呢？”出家人回答：“我违犯了戒律，被僧人们驱逐出来。所有的供养都没了，而且臭名远扬，因此愁苦悲泣。”鬼对出家人说：“我能让你消除恶名，得到很多供养。你可以站在我的左肩上，我把你举着在空中行走。人们只能看见你，却看不见我的身体。你如果得到丰厚的供养，要先给我。”于是鬼就举着出家人，在其先前被逐出的村落中行走。

　　这个村落的人们看见后都很惊讶，都说出家人得到了神通。相互转告说：“僧人们不对，冤枉了这位被逐的有神通的出家人。”这时村落的人们，一起来到寺庙，斥责僧人们，他们立即迎回这位出家人，住在寺庙，给他丰厚的供养。这位出家人就把所得的衣物食品等，都先给了鬼，不敢违反原来的约定。

有一天鬼又举着出家人,四方游走,正好遇上多闻天王派下来巡视的官吏。鬼看见官吏后,十分惊恐,就抛下出家人,拼命逃走。这位出家人被摔死在地上,身体和头都被摔得粉碎。

这比喻修行的人,应当自修其身绝不动摇。如果依托豪强权势,一旦权力倾覆,结果就会和这位出家人一样。

【辨析】

这篇比喻故事的内容和《杂譬喻经》第四十九篇《比丘被摈喻》几乎相同,仅有八个字的差别。本篇构思奇特,作者以丰富的想象力,从不同的角度表现了几组不同的人物。

首先看世俗的世界:村落的民众,他们是出家修行者的衣食父母,也是故事中起着决定作用的一股社会力量。僧众,是一群特殊的群体,居住在寺院,靠供养度日。古代印度的出家人,和汉地众多的寺院不同。汉地的许多寺院,有自己的庙产,有独立的经济来源,很多寺院保持着"一日不作,一日不食"的传统。还有故事的主人公,一位因为"犯僧事",被赶出庙门的出家人。有些好奇的读者也许要问:被寺庙逐出,将何以生存?其实,让他一人出去,是为了让他独自反省。这也是古代印度的一种修行方式,被称作"头陀行"或"修苦行"。此外还有一些独自游历于各地的"游方僧"或"行脚僧",他们行踪不定,到各处参学。历史上,汉地许多出家人都要经历这样一个阶段,颇有"读万卷经,行万里路"的意味。

再看佛教的神魔世界:天界的"多闻天王";天王的下属巡游人间的官员;故事的另一位主人公,"犯法"的孤鬼。

故事的构思之巧,就在于把"犯事"的出家人和鬼联系在一起,使其产生"同是天涯沦落人,相逢何必曾相识"的感受。一位泣涕涟涟的出家人,一位游走于荒郊的孤鬼,彼此产生了同情。所以,两位的"合作"也就显得合乎情理。

他们"人鬼共事","装神弄鬼",骗取供养。结果鬼遇天神，弃人而逃，致使出家人摔死。故事以悲惨的结局，比喻出家修行者不要依附于权贵，否则就会招来杀身之祸。这其中所蕴涵的深刻喻理，也令人回味不已。生活中权倾一时，一朝覆亡的事情，古今中外，代不乏人。

二十一

目连问佛喻

【题解】

本篇所写的是弟子在斋饭时，多给了师父七颗豆子而受到恶报，成为了饿鬼，以此告诫出家人，违律必受惩处。阐明了戒律不可犯的喻理。

【经文】

昔目连与诸弟子俱从耆阇崛山下，到王舍城乞食。目连于道中仰视虚空，怅然而叹[1]。其弟子问："何因缘叹？"目连答曰："卿欲知者，须还到佛所，可便问也。"

于是乞食讫，还到佛所。其弟子便问："向所叹事。"目连答曰："我见上虚空中有一饿鬼，身极长大，其状丑恶。有七枚热铁丸，从口中入，直下过。既下过已，还从口入。举身烧然，苦痛婉转。绝倒更起，起复还倒，是故叹耳。非我独见，佛亦见之。"

弟子问言："以何因缘，受苦如是？"目连答曰："汝自以是，问佛世尊。"其弟子即时白佛，问其因缘。时佛答言："此饿鬼者，前世曾为沙弥。时世极俭，以豆为食。沙弥者，为众僧行食。至其师前，偏多七枚豆。以是罪故，受饿鬼身，苦毒如是。"佛言："我亦常见，所以不说，恐人不信，得极重罪也。"

此喻世间少豆，偏为师故，而不自人，其罪犹尔。况当佛说般若[2]，而不生信返更诽谤。其罪重于五逆[3]，受地狱苦极重不可称数也。

【注释】

[1] 怅然而叹：内心惆怅而悲叹的样子。

[2] 般若：梵文音译，佛教指如实认识事物本质的智慧。

[3] 五逆：佛教指五种极恶的行为，又名五无间业，即：杀父、杀母、杀阿罗汉、出佛身血、破和合僧。其中前四种是身、口、意三业中的身业，后一种为口业，指破坏僧众之间的和睦。

【译文】

目犍连和弟子下灵鹫山的比喻故事

从前目犍连和诸弟子一起，从摩揭陀国王舍城东北的灵鹫山下来，到王舍城乞食。在途中，目犍连仰视空中，心中惆怅而叹息。徒弟问他："为何叹息呢？"目犍连回答说："你想知道原因，等到了佛陀的住处，你再问吧。"

于是乞食后，就回到佛陀的住处。徒弟又问目犍连："你刚才叹息的原因是什么？"目犍连回答说："我看见上空有一个饿鬼，身材高大，面目丑陋。有七个炽热的铁球，从他口中吞进，穿过身体出来。出来后，又再从口里进去。被炽热铁球烧得全身起火，痛苦不堪。跌倒后起来，起来后又跌倒，我因此而叹息。这情形不只我一人看见，佛陀也看见了。"

徒弟问："因为什么原因，受这样的痛苦呢？"目犍连回答说："你可以就这个问题，问受世人尊敬的佛陀。"这位徒弟就向佛陀询问其中的原因。这时佛陀回答说："这个饿鬼，前世曾是一位不满二十岁的小和尚。当时正值灾荒，生活十分艰难，大家都以豆子充饥。这位小和尚，给僧人打饭。到了他的师父前，偏心而多给了七颗豆子。因这个罪业，转生成为饿鬼，遭受这样的痛苦。"佛陀说："我也常见到这事，之所以不说，是恐怕人们不相信能够遭受如此大的罪业。"

这比喻世间缺少食物以大豆充饥时，仅仅因为偏心多给了师父七颗豆子的缘故，而并没有自己吃掉，就遭受这样的罪。更何况对佛陀所说的智慧，不相信反而加以诽谤。这样的罪业重于五种恶业，会堕入地狱遭受难以想象的极大的痛苦。

【辨析】

这篇比喻故事和《杂譬喻经》第五十篇《目连与弟子下耆阇崛山喻》内容雷同，但在情感的表达上有很大的不同，这里用"目揵连之叹"代替了"目揵连之笑"，仅一字之差，就使全文的基调有了很大不同，更合乎情理。此外两个版本句子不同的地方有六处之多，结尾处多了"世间少豆，偏为师故，而不自入，其罪犹尔"四句，使主旨更为突出。

故事中的小和尚，在艰难时，多给了自己师父七颗豆子，就遭到"受饿鬼身，苦毒如是"的报应，这不合乎情理。但在当时遭遇饥荒极其艰难的条件下，小和尚这样做会"破和合僧"，破坏了众僧平等的教义，是犯了重戒。以此体现佛弟子必须严于律己，依律做事的喻理。从历史上看：正是由于佛教能够以律为师、依律守戒，才使其得以广泛传播，并受到推崇和敬重。

故事还采用了"以小喻大"的方法，以"七颗豆子"比喻"违律重罪"，暗喻世俗的"好心"就可能是佛门的大忌。佛教戒律之严谨，仪轨之神圣，由此可见一斑。

二十二

妇 生 子 喻

【题解】

佛教从创立之始，就与印度的各派哲学思想进行着激烈的交锋。正是在和其他学派的相互砥砺中佛教得以不断发展和完善。本故事通过六师外道对佛陀的恶意攻击，反映了佛教敢于迎接挑战，成长壮大的喻理。

【经文】

昔有一居士，其妇妊身。请佛到舍，供养毕。欲令如来，占其妇后生子，欲知男女。佛言："后当生男，端正殊好。及至长大，当于人中，受天上乐，后当得罗汉道。"居士闻之，心疑不信。后复请六师[1]，供养毕，复使占之。居士语六师言："前使瞿昙沙门占之，言：'后当生男，实是男不？'六师言：'当生女。'"

彼六师等，憎疾佛法。苟欲相反，还自思惟言："若彼生男，居士当弃我，奉事瞿昙。"便作诡语居士言："汝妇当生男。生男之后，方大凶祸。家室亲属，七世绝灭。以不吉故，我先诡言：'是女也。'"居士闻之，心用惶怖，不知所以。彼六师等便语居士："欲得吉利，惟当除去之。"六师便为居士妇按腹，欲令堕儿反害其母。居士妇遂命终。而儿不死，宿命福德故也。居士便弃其妇，着死人处。大积薪烧之，火炎既盛。

佛便将诸弟子就往观之。居士妇身始破坏，便见其儿在莲花上坐，端正殊好，颜貌如雪。佛令耆域[2]，取此儿来。耆域入火抱儿来，出还本居士。遂便养育。至年十六，才美过人。便广设多美饮食，请彼六师。六师既坐未久，之间便失笑。其人问："何故笑也？"六师答言："吾见五万里有山，山下有水。有猕猴落水，是故笑耳。"此儿知其虚妄，便钵中盛种种好羹，以饭覆上，使人擎与之。余人钵中，下着饭上着羹，诸人皆食，唯六师独瞋不食。主人问："何故不食？"六师答言："无羹云何食？"主人言："君眼乃见五万里猕猴落水，何不见饭下羹耶？"于是六师大瞋，竟不食而还。居士及儿，因是止不奉事，归命佛、法、僧。佛为种种说法，遂得道果。

此喻极多，略记明真伪如是。

【注释】

[1] 六师：即六师外道，指佛教以外的古代印度其他六派宗教学说。佛教创立之后，称由六师衍生的思想学说为"六十二见"或"九十六种外道"。

[2] 耆域：天竺人，晋惠帝末年（公元 306 年）来到洛阳。是一位医术高明的神医。

【译文】

孕妇生男孩的比喻故事

从前有一位在家修行的居士，他的妻子有了身孕，就请佛陀来到家中，供养完毕之以后，他想让佛陀预测一下他的妻子日后所生是男孩还是女孩。佛陀对他说："日后将生男孩。面貌端正美好。长大之后，会在人间享受天上的乐趣，随后能证得阿罗汉果。"这位居士听后，有所怀疑并不相信。后来又请了一位六师外道的学者，供养完毕之后，也让他来预测。居士对六师外道的学者说："先前请佛陀预测，他说：'将生男孩。'不知是否真的是男孩？"六师外道的学者说："将生女孩。"

那些六师外道的学者憎恨佛法，一心要和佛陀对着干。六师外道心里暗想："如果真的生了男孩，这位居士就会抛弃我，供奉佛陀。"于是恐吓居士说："你的妻子应当生男孩，但生了男孩之后，就会遭遇大祸。全家及亲属，连续七代灭绝。因为不吉利的缘故，我先前哄你说：'将生女孩。'"居士听后，心中惶恐，不知如何是好。那些六师外道的人们就对他说："要想求得吉利，只有将这孩子除去。"六师外道的学者就为居士的妻子按压腹部让其流产。结果居士的妻子因此而丧命，但腹中胎儿却没死，这是前世所积的福报和功德所致。居士就抛弃了妻子，把她拉到停尸火化的地方，堆积木柴焚烧，火焰炽盛。

佛陀带领弟子们前往看望。居士的妻子身体已被烧坏，看见她的儿子坐在莲花座上，面貌端正美好，容颜洁白如雪。佛陀让神医耆域给孩子接生，耆域从火中为给孩子接生，然后交给他父亲。居士就养育孩子长大。孩子十六岁那年，才貌过人，居士设宴款待宾客，也请了那位六师外道的学者。这位六师外道的学者刚坐下不久就笑了起来。其他的人问他："为什么笑呢？"六师外道的学者回答："我看见五万里外有一座山，山下有水，有一只猕猴落到水中，因此不禁笑了起来。"孩子知道这是胡说，就在碗中盛上各种好菜，把饭盖到上面，让人端给六师外道学者。其他人的碗中，都是饭在下面菜在上面，人们拿到饭后都吃起来，唯独六师外道的学者一个人心生怨恨不吃。作为主人的孩子问他："为什么不吃呢？"六师外道的学者回答说："没有菜吃什么？"主人反问："你的眼睛可以看见五万里外的猕猴落到水中，为什么看不见饭下面的菜呢?"于是六师外道的学者十分恼怒，没有吃饭就回去了。居士和他的儿子，从此后不再事奉六师外道的学者，皈依了佛、法、僧三宝。佛陀为他们讲解佛法，随后都证得了佛果。

这篇比喻故事的喻理丰富，简略的记述是为了使人能明辨什么是真谛、什么是谬误。

【辨析】

这篇比喻故事和《杂譬喻经》第六十五篇《尸利求多喻》内容相近，只有二十余字的差别，但最后一段内容和喻理不同。

六师外道，是指古印度佛教之外其他六种主要学派。从哲学思想上看大致可以分为三大派：

一是唯物论派别，主要思想是"善恶无因论"和"苦乐无因论"。其共同之处在于否定世界之上有创造主，否认婆罗门教、佛教的教义，认为世界是自然产生的，可称为"自然论"学说。

二是宿命论和虚无主义，反对婆罗门神权和佛教的因缘论。

三是诡辩论，介于宗教神学和唯物主义之间，力图保持中立。

这些学说在古代印度哲学发展史上，都具有理论意义，和佛教教义有许多相似之处。如唯物主义和佛教的"如实观察人生"的认识就相通，而宿命论和佛教业力果报的思想学说，即本经中的"宿命福德"也有共同点。这是这个比喻故事"此喻极多"的原因之一。因为在理论上将彼此的差异厘清，的确不是三言两语能解释得了的。

故事中六师外道的学者可见"五万里外的猕猴"，却看不见"碗中菜"的情节，既生动有趣，又极具说服力。把无法证实的想象，与当下证伪的事实联系在一起，这样的构思，不能不让人拍案称绝。

本部经典上卷连续出现了五篇和《杂譬喻经》内容有雷同的比

喻故事，其中有的篇章所要表达的喻理却有不同，这说明佛经在汉译和流传的过程中，即使是同一个时代，由同一位僧人汇集的经文，也会有所差异，认真比对，就不难看出其表达和指向的区别。

二十三

咒 龙 师 喻

【题解】

这是一篇通过法师度化"池龙",明示所喻对象的故事,反映出大乘佛教菩萨普度众生于火海的喻理。从中也表现了佛教对于世界的认识。

【经文】

外国有一咒龙师,澡罐[1]盛水,诣龙池边,一心读咒。此龙即时便见大火,从池底起,举池皆然。龙见火怖,出头望山,复见大火,烧诸山泽,仰视山头,空无住处。一切皆热,安身无地。唯见澡罐中水,可以避难。便灭其大身作微小,形入澡罐水中。

彼龙池者,喻欲界也;所望山泽,喻色界也;视山顶者,喻无色界也;咒龙师者,喻菩萨也;澡罐水者,喻泥洹也;术者,喻方便也;大火燃者,喻现无常也;龙大身者,喻憍慢[2]也;作小形者,喻谦卑也。

言菩萨示现,劫烧欲色同然。无常大火,恐怖众生。令除憍慢,谦卑下下。然后乃悉入涅槃也。

【注释】

[1] 澡罐：洗漱用的器皿、瓦罐。

[2] 憍（jiāo）慢：憍，同骄，指持矜、自傲。憍慢，烦恼的一种，指自恃高明、高傲自大的心态。

【译文】

用密语降龙的喻理

国外有一位用咒语降龙的法师。他用瓦罐盛上水，来到龙潜伏的水池旁边，一心念诵咒语。水底的龙随即看见大火从池底燃起，满池一片火海。龙惊恐万分，将头浮出水面远望山上，看见大火燃烧在山林河泽间；又抬头仰视山顶，只见火焰冲天无处可去。一切都变得炙热难耐，无处藏身。只看见瓦罐中有水，可以避难。就施展神通变化，把身体缩得极小，潜入瓦罐之中。

这龙所在的水池，比喻欲界；所望见的山林河泽，比喻色界；仰视的山顶，比喻无色界；念诵咒语降龙的法师，比喻菩萨；盛水的瓦罐，比喻涅槃；念咒语，比喻度化的方法；燃烧的大火，比喻一切无常；龙庞大的身体，比喻高傲自大；化作微小的身形，比喻谦卑。

说菩萨会出现，当世界遭遇劫难，燃烧起一片火海之时，无常的大火，使众生陷入恐惧之中。菩萨会使人们除去自恃高明、高傲自大的心态，谦卑地对待自然万物，然后进入清净永寂的境界。

【辨析】

佛教认为咒语是佛经中最光明远大、精妙深奥、神秘莫测的，是世俗之人不可理解的。所谓咒如军中口令，不足为外人说；咒语对治心魔，人人各不相同；咒语为密语，非圣、非大贤者不解。念诵咒语大体上有息灾、降魔、增益、吉祥等功德。

本篇故事虽然短小，特点突出，描绘"龙"由大变小，从"池龙"到"罐龙"，以形象上和视觉上的巨大反差，形成了强烈的对比；一片火海和一罐清水，也同样具有这样的效果。此外，构思极其缜密，把佛教修行禅定的不同境界和教义，通过欲界、色界、无色界、菩萨、涅槃、方便、无常、憍慢、谦卑"九喻"逐一推出，一气呵成，直贯而下。内涵丰富，底蕴深厚，令人历时难忘。

这篇故事的内容与《杂譬喻经》第六十八篇《咒龙喻》相同，但值得注意的是，在短短的二百四十余字的经文中，两篇的不同之处就有十六处，字数也有二十多个，读者不可不察。

二十四

捕鸟师喻

【题解】

本篇故事以鸟儿各有所欲，最终全部落入罗网被捕杀，比喻人若被烦恼心结织成的罗网束缚，则不能脱离生死苦难。

【经文】

昔有捕鸟师，张罗网于泽上，以鸟所食物着其中，众鸟命侣竞来食之。鸟师引网，众鸟尽堕网中。时有一鸟，大而多力。身举此网，与众鸟俱飞而去。鸟师见影，随而逐之。有人谓鸟师曰："鸟飞虚空，而汝步逐，何其愚哉！"鸟师答曰："不如是告。彼鸟日暮，要求栖宿[1]。进趣不同，如是当堕。"其人故逐不止。日以转暮，仰观众鸟，翻飞诤竞，或欲趣东，或欲趣西，或望长林，或欲赴涧。诤竞不止，须臾便堕。鸟师遂得，次而杀之。

捕鸟师者，如波旬也；张罗网者，如结使[2]也；负网而飞，如人未离结使，欲求出要也；日暮而止，如人懈怠，心不复进也；求栖不同者，如起六十二见，恒相反也；鸟堕地者，如人受邪报，落地狱也。此明结使尘垢，其魔网也。

是以结使覆人犹如罗网。在二涂[3]中好善善护身口。莫令放逸在此网中也。三恶道苦生死，长远不可堪处。

【注释】

［1］栖宿：止息，安歇。

［2］结使：佛教名词。结使，简称结，是束缚众生的烦恼心结。有三结、九结、八十八结等不同说法。

［3］二涂：指三善道中的人、天。

【译文】

捕鸟师的比喻故事

从前有一位捕鸟师，在湖畔设置了一张大网，把鸟食放在其中，鸟儿呼唤着同伴争相来食。捕鸟师收起大网，鸟都落入网中。这时有一只鸟，体型很大，非常有力，就用身体撑开大网，和鸟群一起飞去。捕鸟师看着鸟的身影，赶紧追了出去。这时有人对捕鸟师说："鸟在天空飞，而你在地上追，这是多么愚蠢的事！"捕鸟师回答说："并非你说的那样。等天黑以后，这些鸟都要栖息，各自去处不同，马上就会掉下来。"因此追赶不止。天渐渐黑了下来，抬头看到这群鸟儿，上上下下竞相翻飞，或者向东，或者向西，或飞往树林，或飞向水边。这样争来争去，不一会儿便坠落在地了，捕鸟师于是把鸟捉住，一只只给杀了。

捕鸟师，比喻恶魔；张开的罗网，比喻人心中的烦恼；带着网飞去，比喻人尚未脱离烦恼心结，想要寻求解脱；日暮歇宿，比喻人心生懈怠，不再精进；不同的栖息地，比喻世间的六十二种见解，常常相互对立的；鸟坠地上，比喻人受到邪报，落入地狱。这说明烦恼和妄有之心，就是恶魔的罗网。

所以烦恼心犹如罗网一样。在人道和天界中好好护持善心，身、口、意，齐向善，切莫放纵使之坠入魔网。在地狱、饿鬼、畜生三恶道中，饱受折磨，生死难脱，永远痛苦。

【辨析】

捕鸟师，以捕杀鸟类为生计，这是印度古代的一种职业。这篇故事给我们详尽地描述了捕鸟的方法：在大网里放上诱饵，等鸟群飞入后，再收网。这样捉鸟就如探囊取物一样。捕鸟师对鸟的生活习性非常熟悉。他在捉鸟时的从容，回答质疑者时的自信，以及最后的结果，都显得十分专业，给人留下了深刻印象。

鸟类是人类的朋友，然而人对鸟的捕猎，从古至今都未曾停止。我们也不难看到花鸟市场上，那一只只被关在笼中的鸟儿。与其把鸟儿关在笼中独自欣赏，不如让它们回归大自然，自由飞翔，繁衍生息，保持自然生态的平衡。

故事中对于鸟的描写，也十分成功。突出了其群聚和觅食的共性，尤其是对鸟在夜幕降临时，各自投林情景的描绘，十分精彩和真切，使人如见其景，若闻其鸣。不是长期细致的观察和熟知掌握飞鸟习性的人，是不能写得如此生动传神的。

网鸟六喻，紧扣佛教教义，说明烦恼和妄有之心，就是恶魔的罗网。由事入理，笔到意至，使人一目了然。

本篇内容与《杂譬喻经》第七十篇《捕鸟师喻》相近，但有十三处差别，且最后多了一段劝诫教化的内容，这样一来，经文更加完整，前后呼应，首尾圆合。

二十五

贾客入海欲求珍宝喻

【题解】

诵念佛号"南无阿弥陀佛",意即皈依佛陀,就可以消灾解难,往生净土和西方极乐世界,这作为佛教修行方法的一种,在汉地很快得到了人们的认同。唐代形成的中国佛教之净土宗,即认为念佛号就可以"乘佛愿力",获得解脱。本篇就是以五百商人在危难之中,表示皈依佛陀而脱险的故事,说明了"一心念佛",可以"解脱弥天之难"的喻理。

【经文】

昔有五百贾客,乘船入海,欲求珍宝。值摩竭大鱼[1]出头,张口欲食众生。时日风利,而船去如箭。商主[2]语众人言:"船去大疾,可舍帆下汎[3]之。"辄如所言,舍帆下汎,船去辄疾,而不可止。商主问船上人言:"汝见何等?"答曰:"我见上有两日出。日下有白山,中间有黑山。"商主惊言:"此是大鱼,当奈何哉?我与汝等,今遭困厄。入此鱼腹,无复活理。汝等各随所事,一心求救。"于是众人各随所事,一心归命,求脱此厄。所求愈笃,船去愈疾。须臾不止,当入鱼口。于是商主告诸人言:"我有大神,号

名为佛。汝等各舍所举，一心称之。"时五百人俱发大声称："南
无佛。"

鱼闻佛名，自思惟言："今日世间，乃复有佛。我当何忍，复
害众生？"适思惟已，即便闭口。水皆倒流，转远鱼口。五百贾人，
一时脱难。

此鱼前身，曾为道人。以微罪故受此鱼形。既闻佛声，寻忆宿
命，是故思惟，善心即生。

此明五百贾人，但一心念佛，暂称名号。即得解脱弥天之难。
况复受持，念佛三昧[4]。令重罪得薄，薄者令灭，足以为验也。

【注释】

[1] 摩竭大鱼：是古代印度传说中的神鱼。摩竭，梵文音译。
《一切经音义》卷四十云："摩羯者，梵语也。海中大鱼，吞噬
一切。"

[2] 商主：即管理商人的官吏。

[3] 汎（fàn）同泛，漂浮。

[4] 三昧：又称三摩地、三摩提，意为正心行处、专注于一
境，定念止观、心不散乱的状态。

【译文】

五百商人下海求宝的比喻故事

从前有五百商客，乘船来到大海，想要寻找珍宝。遇上了海中
神鱼出游，张开大口要吃人。那天风大，船行如箭。带领商人的商
主对大家说："船行驶得太快了，可以把帆降下来。"按他所说，大
家就把船帆降下，然而，船行驶得更快了，而且停不下来。商主就
问舱楼上的人说："你发现什么情况了？"回答："我看见有两个太

阳升起，太阳下面有一座白山，中间有一座黑山。"商主惊恐地说："这是大鱼，这可怎么办呢？我和你们今天遇上了大灾难。一旦落入鱼腹中，没有人能够幸存。你们各自向神明，诚心祈求吧。"于是大家各自祈祷，诚心皈依，祈求平时自己所侍奉的神明帮助脱离灾难。但祈求得越诚笃，船行驶得越快，片刻也不停止，眼看就要落入大鱼的口中。于是商主告诉大家说："我有神通广大的神明，他的名号叫佛陀。你们要舍弃原先所信奉的神明，一心诵念佛号。"这时五百商人一起大声念道："南无阿弥陀佛。"

大鱼听到佛号，心想："今天在人世间，仍然有佛出世。我又如何忍心，来伤害这些生灵？"想到这里，随即闭上大口。海水从鱼口中倒流，船远离了大鱼之口。五百商人立刻就得以脱离了险境。

这条大鱼的前生，是一位修行的出家人。因为犯了罪，成为鱼身。听到佛陀的名号后，回忆起了自己的前生，因此产生了善念，善心随即萌发。

这表明五百商人，只要一心念佛，口诵佛陀名号，当即就得以脱离巨大危难，更何况那些信奉佛教，心中禅观佛陀定念止观的人？诵念佛号能让重罪减轻，让轻罪消除，此事就足以验证。

【辨析】

自从人类诞生以来，大海和人的关系就非常紧密，大海不仅为人们提供了赖以生存的食盐、水产品和丰富的石油、矿藏，而且是人们交通运输的重要途径。在海中航行常常会遇到许多危险和灾祸。关于海神、神鱼的传说，古今中外都不鲜见。

故事中关于商人们在危难之际，"临时抱佛脚"，念诵佛号，心诚意笃，最终死里逃生，转危为安。这一情节的描写，具有很大的吸引力和感召力，会更激发民众的笃诚之心。

运用拟人化的手法描绘大鱼，也是本篇中十分精彩的部分。请看："上有两日出，日下有白山，中间有黑山"，寥寥数笔，就把大鱼的神采特征，写得栩栩如生。大鱼的眼睛闪烁着光辉，两只眼发出的光芒就像天空有两个太阳，中间有一座黑色的大山，下边还有一座白色的大山。这样的描绘具有生活基础，我们会很自然地想到海中最大的哺乳动物鲸鱼，不仅将其写得神乎其神，而且极具夸张和想象。

本篇内容与《杂譬喻经》第七十四篇《五百贾客入海求宝喻》相近，但有二十五处差别，最后一句由"足以为验也"取代"如此之应，未足为多"，这样一来，更为简洁有力。

二十六

屠儿识宿命喻

【题解】

本篇以屠夫了知前生后世宿命的故事，阐发了只有证悟佛理，才能真正得到智慧，永远脱离苦难的喻理。

【经文】

昔有屠儿，诣阿阇世王[1]所，求乞一愿。王曰："汝求何愿？"答曰："王节会之际，宜须屠杀。王见赐，我当尽为之。"王曰："屠杀之事，人所不乐。汝何故乐求之？"答曰："我昔为贫人，因屠羊之肆，以自生活。由是之故，得生四天王[2]上，尽彼天寿。来生人中，续复屠羊。命终之后，生第二天上。如是六反屠羊，因是事故，遍生六天中，受福无量。以是故，今从王乞一愿。"王曰："设如汝语，何以知之？"答曰："我识宿命。"

王闻不信，谓是妄语："如此下贱之人，何能识宿命耶？"后便问佛，佛答曰："实如其言，非妄语也。此人先世，曾值辟支佛。见佛欢喜，至心谛观。仰视其首，俯察其足，善心即生。缘是功德故，得生六天。人间六返，自识宿命。以福熟故，得人天六返。罪未熟故，未得受苦。毕此身，方当入地狱，受屠羊之罪。地狱罪毕，当生羊中，一一偿之。此人识宿命浅，唯见六天中事，不及过去第七身故。便谓屠羊，即是生天因也。如是但识宿命，非通非明也。"

是以修功德者必发愿，勿便孟浪使果报不明，此可为验矣。

【注释】

[1] 阿阇（shé）世王：佛陀时代印度摩揭陀国频婆娑罗王的太子，后成为国王。曾和提婆达多反佛，后来皈依佛教，成为护法。

[2] 四天王：佛教的护法神。佛教有三界天：欲界、色界、无色界。其中欲界六重天，分别是四天王天、忉利天、须夜摩天、兜率天、化乐天、他化自在天；色界四重天，分别是初禅天、二禅天、三禅天、四禅天；无色界四重天，分别是空无边处天、识无边处天、无所有处天、非想非非想处天。层次最低的是欲界六重天中的四天王天，即东持国天王、南增长天王、西广目天王、北多闻天王，四天王还统领八部鬼神，来护持世间。

【译文】

屠夫知前生后世的喻理

从前有一位屠夫，来到摩揭陀国王阿阇世王的住所，乞求满足他一个心愿。国王问："你有什么心愿？"回答说："国王您在节日宴会之际，需要宰杀牲畜。希望国王把这个差事交给我，我一定会尽力而为。"国王说："宰杀牲畜的事，所有人都不愿做。你为什么乐而为之？"回答说："我过去是一个穷人，以在市场里宰羊维持生计。由于这个缘故，死后得以投生四天王所管辖的天界上，尽享天界的寿命。此后又转生到人间，继续宰羊。生命终结之后，会转生在第二重天忉利天上。这样宰羊六次转世，因从事这样的职业，转生遍及欲界六重天中，享受的福德无法计量。因为这样的缘故，今天乞求国王。"国王说："如果真是你讲的那样，你又是如何知道的呢？"回答说："我知道自己宿命的前生和后世。"

国王不相信他的话，认为是虚妄之语："地位如此卑贱的人，怎么能认识自己的宿命呢？"随后向佛陀请教，佛陀回答说："确实如他所说，不是假话。这个人的前生，曾经遇到独觉乘的出家人。看见独觉乘的出家人后他心中欢喜，专心致志地观察修悟。他从天到地，认真观想，慈善之心随即产生。由于有这样的功德，得以六次依次往生到欲界六重天。六次下生在人间时，知道自己的前生和后世。由于修福积德的果报得以成熟的缘故，因此六次往返转生到天界和人间。由于他的罪业的果报还没有成熟的缘故，没有到遭受报应的时候。等他结束六次往返之后，就会堕入地狱，受到宰羊罪业的报应。地狱的报应结束后，会转生为羊，补偿前生的罪业。这个人对自己宿命的前生和后世认识比较浅薄，只知道六重天和人间的事情，不知道是过去第七世遇见独觉乘生善心的缘故。自以为杀羊，就是往生天界的原因。这种只是知道自己有限的前生和后世宿命的人，并没有神通，也不明了佛理。"

所以修习功德之人必须发愿，切勿恣情纵意，导致恶报却不自知，此事就可以验证。

【辨析】

在古代印度社会，人们从事某种职业，往往是与出身于不同的种姓联系在一起的。四种姓中的首陀罗，从一出生，就只能从事屠宰等所谓低贱的职业。按照早期的轮回学说，他们注定在来生要堕入地狱。

轮回学说本身就是婆罗门教轮回思想的延续。杀生的要下地狱，坐享其成，大饱口福者却可以上天堂，这显然是不平等的。这些问题到了大乘佛教时期，才得到了较为完满的解决。因为轮回只是一种"方便"罢了，只是劝善惩恶的"俗谛"，执著于轮回，仍然是心中妄有的表现。只有证悟佛理，除去一切"我执"的偏见，才能达到清澄的境地。

　　本篇内容与《杂譬喻经》第七十七篇《屠儿喻》相同，但有十四处差别，并多了最后一句"是以修功德者必发愿，勿便孟浪使果报不明，此可为验矣"加以概括总结，使教化之意更为明显。

二十七

剖蚌出珠喻

【题解】

本文采用师徒问答的形式，写佛陀对弟子的告诫：要想达到佛之境界，不是一时、一世所能办到的，要"修诸万行，积功累劫"，才能得以成就。

【经文】

阿难白佛："佛生王家[1]，坐于树下念道六年。得佛如是为易得耳？"

佛告阿难："昔有长者，居甚大富，众宝备具，唯无赤真珠[2]以为不足，便将人入海采珠。经历险阻乃到宝处，刺身出血油囊裹之，悬着海底。珠蛤[3]闻血香唼[4]食之，乃得出蚌。剖蚌出珠，采之三年方得一珮发还。到海边，同伴见其得好宝，欲共图之。俱行取水，众人推着井中，覆之而去。堕在井底久，其人见有师子从傍穴来饮水。其人复惶怖，师子去后，寻孔而出还到本土。其伴归到家，呼曰：'卿得吾一珮无人知，兼欲见害。卿可密尽相还，吾终不言卿也。'其人怖懅尽还其珠，珠主得已持还。家有两儿着珠共戏，共相问曰：'此珠出生何处？'一儿曰：'生我囊中。'一儿曰；

'生室瓮中。'父见笑之。妇曰：'何笑？'答曰：'吾取此珠勤苦乃尔，小儿依我得之，不识本末，谓生瓮中。'"

佛告阿难："汝但见我成佛，不知我从无数劫学之勤苦，至今乃得谓之为易。如彼婴儿谓珠生囊中矣。"是以修诸万行，积功累劫，非但一事、一行、一身，而可得也。

【注释】

[1] 佛生王家：佛陀生于公元前563年，卒于公元前483年，享年80岁。佛陀原名为悉达多，姓乔达摩，为释迦族的王子，生于迦毗罗卫城的兰毗尼园（在今天的尼泊尔境内）。

佛陀早期接受了系统的婆罗门式教育，学习古老的宗教诗体著作四吠陀和五明。四吠陀，古印度婆罗门教的四部根本圣典，包括：梨俱吠陀、娑摩吠陀、夜柔吠陀、阿闼婆吠陀。五明，古代印度的五种学科，包括：声明，为音韵训诂学；工巧明，为工艺技术学；医方明，为医药学；因明，为逻辑推理学；内明，指各种宗教哲学。成年后的佛陀，观察到人的生、老、病、死种种痛苦现象后，产生了"人生是苦"和一切"无常"的思想。于29岁时，出家修习苦行，探究人生，寻求解脱的真谛。

佛陀出家后，曾和数论派的学者进行过广泛的交流，讨论有关人生的各种问题，以及如何脱离生老病死之苦的方法。然而，六年的苦行并未使佛陀获得解脱的方法，从此他否定了婆罗门教的教义，并认识到创立新宗教的必要。据说佛陀净身受食，并登钵罗茇菩提山，渡尼连禅那河，在达伽耶的菩提树下，敷吉祥草，入金刚座，静坐思维，以求正道。经过四十九天的"反观内照"，认识到世间一切痛苦皆由一系列的因果关系所造成，如果消灭了产生痛苦的最初原因"无明"，就可以得到彻底解脱，由此而形成了佛教的缘起学说。佛陀成道后在野鹿苑度化了随他出家的五个弟子，即憍陈如、摩诃男、跋提、婆沙波、阿说示，并俱得证阿罗汉果，合称六罗汉。至此，佛、法、僧三宝具足（佛阿罗汉为佛宝、四谛学说为法宝、五阿罗汉为僧宝），标志佛教的创立。

[2] 赤真珠：真珠即珍珠，佛门七宝之一，又名赤珠。佛典云："出鱼腹中、竹中、蛇脑中。"有不同说法。赤真珠，可以理解为红珍珠，是一种罕见的宝物。

[3] 珠蛤（gé）：能产珠之蛤，即蚌蛤，产于浅海泥沙中，也可以人工养殖。

[4] 唼（shà）：形容鱼、鸟吃东西的声音。如唼喋、唼血。

【译文】

剖开蚌壳取出珍珠的比喻故事

阿难请教佛陀："佛陀出生于帝王之家，出家修苦行六年后坐在菩提树下得道。这样看来成佛也是容易得到的事。"

佛陀告诉阿难："从前有一位年长者，拥有巨大的财富和各种珍宝，唯独没有红珍珠而感到遗憾，便派人入海采珠。经历了千难万险才到达出产这种珍宝的地方，派去的人刺出身上的血用油囊裹好后，放置在海底。能产珠的蚌蛤，闻到血的腥味来吃的时候，才能得到产出红珍珠的蚌蛤。等长大后剖开蚌蛤才能取出红珍珠，这样采集了三年才得了一个珮件回来。有一次年长者来到海边，同伴看见他得到的珍宝，就想占有它。在他们一起到井边取水时，同伴就把他推到井中，把井口盖住后离去。年长者坠入井底很久，看见有一只狮子从旁边的洞穴进来饮水。他感到十分惶恐害怕，等狮子离开后，寻觅到洞穴的出口回到了家中。年长者来到同伴家，说："你得到我一个珮饰的事并没人知道，还加害于我。只要你归还珮饰，我就不追究你了。'同伴害怕，就归还了红珍珠，红珍珠的主人得到后就回到家中。家中的两个儿子拿红珍珠玩耍，互相问：

'这红珍珠生长在哪里呢?'一个儿子说:'生长在我的背袋中。'另一个儿子说;'生长在屋里的瓦罐中。'父亲听见后笑了。妻子说:'为什么笑?'回答说:'我经过多少苦难才得到红珍珠,小孩儿从我这里得到,哪里知道其中的经历,认为是从瓦罐中生的。'"

佛陀告诉阿难:"只见我成佛,不知我在漫长的岁月里修学的勤奋和辛苦。认为是很容易的事,就如孩子说红宝珠是从袋子里生出的一样。"所以修行佛法,积累功德,绝不是经历一时、一事乃至一生,就能够证得的。

【辨析】

本文以"赤珠"比喻成佛,以取得宝珠所经历的痛苦和磨难,比喻修行的艰苦漫长。暗喻成佛没有特殊的因缘是难以实现的,隐喻世上一切珍贵的东西不通过艰苦的努力,是不会得到的。

童言无忌,故事中的孩子看见老父亲从袋子或瓮中取出红珍珠,就认为珍宝是从袋子或瓮中得到的,这本身并没有错。但他们不知道父亲是用生命做代价换来的。这篇比喻故事所表达的喻理:得到宝珠需要付出艰辛,持有宝珠并非容易,也必须付出一生的努力。不仅如此,甚至还会危及生命。同理,成就佛之境界,必须付出辛劳,从而说明修行佛理、积累功德也是一生都不能懈怠。

二十八

导　师　喻

【题解】

本文以海上寻宝，要克服五种困难，比喻修行者要消除各种欲望，战胜自我，才能成就佛果的义理。

【经文】

昔有导师[1]入海采宝，时有五百人追之共行。导师谓曰："海中有五难：一者激流，二者洄波，三者大鱼，四者女鬼[2]，五者醉果，能度此难乃可共行。"众人要讫，乘风入海到宝渚，各行采宝。一人不胜果香食之，一醉七日。众人宝足，飙风[3]已到，欲严还，出鸣鼓集人。一人不满，四布求之。见卧树下，醉未曾醒。共扶来还，析树枝拄之，共归还国。

家门闻喜，悉来迎逆，醉者见无所得，独甚愁慼。醉人不乐，拄杖入市。市人求价，乃至二万两金。其人与之，问杖有何德："曰此为树宝，捣烧此杖，熏诸瓦石，悉成珍宝。"其人反求之，少许，持归试验，果如其言，所可熏蒸，悉成众宝。

喻曰：导师者，谓菩萨也；五难者，谓五阴[4]也。宝渚者，谓般若七财[5]也；醉者，从心懈废也；折取宝树枝者，谓自修励，更兴精进；熏瓦石成宝者，谓以经道熏诸恶行，悉成法器也。

【注释】

　　[1] 导师：意为人们心灵的引导者。本文指菩萨。将菩萨比作航海家。

　　[2] 女鬼：即罗刹鬼，亦为恶鬼的总名。女鬼常化为绝色的女子，为人不识，又称罗刹婆。

　　[3] 飘（fān）风：飘，同"帆"，飘风，疾风、台风。

　　[4] 五阴：又称五蕴、五阴、五众、五聚，即色、受、想、行、识。佛教认为五阴是一切烦恼产生的原因，也指一切主观的认识和客观的事物。

　　[5] 般若七财：般若，佛教指人生智慧。七财，指信财、戒财、惭财、愧财、闻财、舍财、慧财。

【译文】

菩萨指引人们得到珍宝的比喻故事

　　从前有一位航海家到大海探宝，当时有五百人追随他一起出行。航海家对大家说："海上航行会遇到五种困难：一是有激流，二是有旋涡，三是有吃人的大鲨鱼，四是有害人的女鬼，五是有能使人昏迷的果实，能够克服这些困难者才可以出行。"大家都认为能够克服。于是，乘船出海，扬帆破浪。来到宝岛，就各自寻找珍宝。其中一人抵挡不住香甜美味果实的诱惑，采食之后，一连昏睡了七天。其他人寻找到了足够的珍宝。但台风就要到了，必须马上返航，就鸣号击鼓召集大家。可是有一个人还没到，大家四处去寻找。见他躺在大树下，昏睡不醒。一同扶起他，有一个人折了一根树枝挂上，背着昏睡的人上船，一起回到家乡。

　　家里的人听到出海的人们回来的喜讯后都前来迎接。昏迷的人一无所得，独自忧愁。背着他回来的人也闷闷不乐，拄着从宝树上折的手杖来到集市。集市上的人出价二万两金子来买，这人便卖了。买的人问手杖有什么用处，他说："这是从宝树上折下来的，把手杖折断放在砖瓦石块下烧，这些东西就会成为珍宝。"买的人回去，马上试验，果真如此，所有用手杖熏烧的砖瓦，都变成了珍宝。

　　这里的比喻是：带领大家海中航行的人，比喻救苦救难的菩萨；航海时的激流、旋涡、大鲨鱼、女鬼、迷果五种苦难，比喻色、受、想、行、识五阴烦恼；宝岛，比喻佛教智慧的信财、戒财、惭财、愧财、闻财、舍财、慧财七种财富；昏迷的人，比喻内心懈怠的修行者；折取宝树树枝的人，比喻自己勤修励志，精进不已；烟火烧熏砖瓦石块变成珍宝的人，比喻以佛经教义驱除各种恶行，成就佛法的人。

【辨析】

　　这篇比喻故事构思新奇，在宝岛探宝之前介绍大海五难时，让人感到困难重重，难以如愿。但随着故事情节的展开，往返途中似乎一切顺利。可以看出，故事的重心不在渡海的过程，所以，作者并没有再去渲染渡海时的艰难，而是用"乘风入海到宝渚"一笔带过。对令人向往的宝岛上的情形虽没有不多费笔墨，只写了到达之后，大家就各寻其宝了，然而，却打开了人们对宝岛无限遐想的空间。

　　接下来，在整个五百人的寻宝大军中，作者只选取了两个人物进行了描绘：一位是抵御不住甜美果实的诱惑，吃了之后，一连昏睡了七天，没有得到珍宝的人；一位是折了树枝作为手杖，背着昏睡的人上船，回来后卖了手杖，得了二万两金子的人。第一位虽是采用了静态描写，只写"一醉七日"，但其鼾睡醉卧之情景、神态却如在眼前，这种描写收到了此处无声胜有声的效果。因为渡海寻宝中的五难，如果遇上前四难，都属于客观因素，只此最后一项是自己可以控制避免的，但终因忍不住美味的诱惑，吃后一睡不起。明喻内心懈怠的修行者，隐喻一切经不起诱惑的人，包括经不起色、声、香、味、触、法六尘引诱的世人。至于另一位则采用了动态描写的手法，他找人、折树枝、上集市、卖手杖、夸宝，写的是一次次的行动，明喻在修行中的精勤勇进，隐喻一切信奉佛教义理的人都会得到福报，也暗指得佛法如得宝树，得之不易，必有善缘。

全篇六喻，一气贯注，从中可见佛典博大精深的理论体系，汪洋恣肆的修辞手法。

二十九

狮子亲道人喻

【题解】

这篇故事通过人与狮子的友好相处，体现了佛教众生平等的思想和善恶有报的喻理。

【经文】

昔山中有两沙门，闲居行道得六通。去之不远，有一师子生二子，稍稍长大。师子母欲行，心念："惟道德二慈，可以委命。"即语："欲行来，二子尚小，恐人伤害。欲寄道人，惟蒙慈护，自当来视。"道人许之。

师子行还，见子附道人复舍而行，道人分卫[1]还，余食共食之。每见道人还，喜行迎。道人后行，猎师遇之。师子、子迸走入草。猎师依凭道人，便着室中袈裟，入草擒之。师子谓是道人，即出赴之。猎师打杀剥皮，取作师子皮裘，直金千两。道人行还，不见师子。坐禅观之，知为猎师所杀，即以神力夺皮来还。作褥坐上，口为咒愿。复禅观之，知当往生国中长者家作双生子。道人往诣其家，问长者："何所乏？"曰："惟患无子。"便报为长者求子，长者大喜。道人言："若得子何以相报？"曰："子长大当施为沙弥。"道人曰："勿忘此要。"

唯觉有娠，后果双生二男，相似如一。年八九岁，道人过，二儿见，自然欢喜。道人谓长者曰："识本誓不?"长者不敢违誓，便以二子施沙门。沙门将入山学，未久亦得阿罗汉。亦恒自坐故皮上，日日入禅自观。便见己前身皮，各起礼谢："师恩力乃令我等得道，皆是慈念之力。"禽兽善心犹尚解脱，何况志情发于善愿，而不解脱也?

【注释】

[1] 分卫：乞食，即托钵行乞。

【译文】

狮子亲近出家人的比喻故事

从前，有两位出家修行的人，悠闲地生活在山中，修行证得了六神通。离他们不远处，有一只母狮子生了两只小狮子，小狮子稍稍长大了一点，母狮子要出行，心想："只有这两位修行者慈悲，可以把小狮子托付给他们。"于是对出家人说："我要外出，两个幼子还小，担心会受到猎人的伤害，想拜托你们，帮助照顾，直到我回来。"出家人答应了下来。

母狮子出行回来，看见小狮子出出进进跟随着出家人。出家人外出乞食回来后，总是将食物和小狮子一起吃。每当小狮子看见出家人回来，就欢喜地出门迎接。后来出家人外出，猎人看见了狮子。母狮子、小狮子都迅速躲进草丛。猎人假扮成出家人，穿上出家人屋子里的袈裟，在草丛里寻找。狮子以为是出家人，立即钻了出来。猎人杀死狮子并剥下皮，用狮子皮做成的裘皮，价值千两黄金。出家人外出回来，没看见狮子。就入定禅观，知道狮子被猎人杀死，随即以神通之力夺回裘皮，当作褥子坐在上面，口念咒语祈愿。又入定禅观，知道两只小狮子应当投生到城中一位年长者的家里成为一对双胞胎男孩。出家人就来到年长者家里，问年长者说："您希望要什么？"对方回答说："只是担忧没有儿子。"出家人便为年长者求子，年长者非常高兴。出家人说："如果得到儿子将以什么报答？"年长者说："等儿子长大后让他随您出家。"出家人说："不要忘了这件事。"

不久年长者的妻子怀了孕，后来果然生下一对双胞胎男孩，长得十分相像。孩子长到八九岁时，出家人路过。两个孩子见到他便自然地喜悦亲近，出家人对年长者说："还记得原来的约定吗？"年长者不敢违背誓言，便让两个儿子随出家人修行。出家人将他们领入山中修学，不久便证得阿罗汉。两个兄弟也坐在自己前生的裘皮上，每天禅定观想。看见自己的前生，知道了裘皮的因缘，分别起来拜谢说："师父的恩德让我们得以成就佛果，这是大慈大悲的愿力。"禽兽有善心都可以求得解脱，何况人立志发愿求善，能不证得解脱吗？

【辨析】

这篇佛经故事尽管离奇，但情节比较简单，即前生的两只小狮子，在出家修行者的呵护下，今生皈依佛门，证得道果。值得读者注意的是，故事反映了几组寄寓佛教义理的关系：

首先，出家人和动物之间的相互关系。故事将两位出家人和母狮以及两只小狮子的关系，表现得十分自然亲切。"每见道人还，喜行迎"，以此比喻佛教人和动物本自一家的教义，将佛教众生平等的思想在叙述中巧妙地表现出来。

其次，猎人和动物之间的关系。这是一种敌对关系。猎人在利益驱动下，为了得到狮子的皮毛，挖空心思，"着室中袈裟，入草擒之"，不惜采用诈术和谋杀的方式，以此比喻人性的贪婪、人心的险恶，告诫人们欲望是罪恶之根源。

另外，还表现了出家人和年长者一家的关系。年长者信守诺言，知恩图报，比喻佛教教化深入人心，只要皈依佛陀，就可以解脱苦难。

故事的成功还在于随着情节的发展，在由两只小狮子到两个男孩、两位小和尚、两位证悟者的身份转换中，把佛教六道轮回、善恶有报的喻理贯彻其中，也在不自觉之中将佛教人与自然和谐共生的理念深入人心。

三十

屠儿父死作鬼喻

【题解】

惜身爱命、众生平等是佛教生命伦理的特征。本文以屠夫转生成鬼报复未劝诫他杀生的出家人的故事，宣扬了佛法善恶有报、业力不失的教义。

【经文】

昔有屠儿，欲供养道人，以其恶故而无往者。后见一新学沙门，威仪详序[1]。请归饭食种种肴膳，食讫还请此道人：“愿终身在我家食。”道人即便受之。玩习既久，切见在其前杀生，不敢呵之，积有年岁。后屠儿父死作河中鬼，以刀割身，即复还复。

道人渡河，鬼捉船曰：“没此道人着河中，乃可得去。”船人怖曰：“鬼言：‘吾家昔日供养此道人，积年不呵我杀生，今受此殃，恚故欲耳。’”船人曰：“杀生尚受此殃，况乎道人？”鬼曰：“我知尔恚故耳，若能为我布施作福，呼名咒愿，我便相放。”船人尽许为作福，鬼便放之。道人即为鬼作会，呼名咒愿。余人次复为作会，诣河中呼鬼曰：“卿得福未？”鬼曰：“即得，无复苦痛。”船人曰：“明日当为卿作福，得自来不？”鬼曰：“得耳。”鬼且化作婆罗门[2]像来，手自供养，自受咒愿。上座为说经，鬼即得须陀洹道，欢喜而去。

是以主客之宜，理有谏正。虽堕恶道，故有善缘，可谓善知识者[3]是大因缘也。

【注释】

［1］威仪详序：威仪，佛教对出家弟子在行、住、坐、卧四个方面的要求，即"四威仪"：行如风，坐如钟，站如松，卧如弓。汉地佛教一般威仪是针对高僧而言的，律仪则针对一般的出家人。威仪详序，即按照佛教戒律约束自己的行为方式、言行举止。

［2］婆罗门：古代印度的种姓制度。把人分为四等，即：婆罗门（主管宗教和文化）、刹帝利（官吏）、吠舍（各种从事自由职业的人）、首陀罗（奴仆）。

［3］善知识：指精研佛理的高僧大德，以及证悟了佛理的人。

【译文】

屠夫的父亲死后做鬼的喻理

从前，有一位屠夫的儿子，想供养出家人，由于他家从事杀生的职业，因此没有出家人愿意接受。后来屠夫的儿子见到一位刚出家修行的佛弟子，行为合乎佛教律仪的规范。便请他来，供给他饭食和各种佳肴，饭后请求出家人说："请终身接受我家供养。"出家人便接受了。由于一起相处久了，出家人看见屠夫在他面前杀生，也不敢劝诫。这样过了许多年，后来屠夫死后转生到河中做了鬼，遭受着每天以刀割身体，反复不断，没完没了的痛苦。

一天，出家人渡河时，鬼抓住船说："把出家人淹到河里去，我才能放过这只船。"船上的人害怕地说："鬼讲了：'我家从前供养这位出家人，多年来不劝诫我不要杀生，使我今天遭受这样的大罪，气愤不过才这样。'"船上的人们说："杀生要遭受恶报，为何要怨出家人？"鬼说："我知道你们气愤不能接受。如果能为我布施积德，直呼我的名字为我祈福，我便放了他。"船上人都答应替鬼行善积福，鬼便放了他们。出家人回去后随即为鬼做法会，直呼其名为他祈愿。其他人也多次为鬼做法会，到河中问鬼说："你得到福德没有？"鬼说："立即就得到了，不再有痛苦了。"船上的人说："明天再为你祈福，你能亲自来不？"鬼回答："能来。"鬼第二天变成一位婆罗门的僧侣来到法会，手持供养，口诵祈愿。法会上的高僧为他解说佛经，鬼随即证得了初果，欢天喜地地走了。

所以施主和出家人相处，要以佛理劝善去恶。虽然屠夫坠入饿鬼道，但由于有供养过出家人的善缘，得以度脱苦难，因此能遇到证悟了佛理的人是有深厚广大因缘的。

【辨析】

屠宰业，在佛教看来是一种杀生的行业，从事这一行业的人死后是要下地狱的。这种认识从社会分工的角度解读，就是一种不平等。因为在过去享受美味的肉食，往往是所谓高贵者的专利，屠夫得到的只不过是辛苦劳作后换来的维持生计的收入。在古代印度，从事屠宰业的人是下层的首陀罗，而高贵的婆罗门、刹帝利是远离庖厨的，这样下地狱的人也是处于社会生活底层的人。关于这类问题，到了大乘佛教时期，才从理论上得到解决。因为所谓的地狱也只是一种言说。

故事中的"人与鬼不了情"反映了屠夫和出家人的关系。鬼的抱怨，也合乎情理；出家人为此举办的法会，也是情节发展的选择。但是后来鬼还能成就声闻四果中的初果，就具有了意义。因为这样就从本质上打破了人、鬼、佛果的界限，凸显了信奉佛教义理的作用。表明只要皈依佛门，行善积德就可以改变自身的命运。从这一点来看，是有积极的教化作用的。

三十一

卵致灾疾喻

【题解】

当年力大无比的健儿，恃力欺凌他人，而无人劝阻，致使堕入恶道成为蟒蛇，最终负气报复。这一故事，告诫世人要从善如流，制止恶行。

【经文】

昔有贾客，入海采宝，逢大龙神举船欲翻，诸人恐怖。龙曰："汝等颇游行彼国不？"报言："曾行过之。"龙与一大卵，如五升瓶。"汝持此卵，埋彼国市中大树下。若不尔者，后当杀汝。"其人许之，后过彼国，埋卵着市中大树下。从是以后，国多灾疾疫气。

国王召道术占之，云有蟒卵在国中，故令有灾疫。辄推掘烧之，病悉除愈。贾客人后入海，故见龙神，重问事状。贾人曰："昔如神教，埋卵市中。国中多有疾疫，王召梵志[1]占之。推得焚烧，病者悉除。"神曰："恨不杀奴辈。"船人问神："何故乃尔也？"神曰："卿曾闻某国有健儿某甲不？"曰："闻之，已终亡矣。"神曰："我是也，我平时喜陵㯟[2]国中人民。初无教呵我者，但奖我，使我堕蟒蛇中，悉欲尽杀之耳。"

是以人当相谏，从善相顺。莫自恃势力，陵擽于人。坐招其患，三恶道苦。但可闻声，不可形处。

【注释】

[1] 梵志：指婆罗门或佛教以外的出家修行者。

[2] 陵擽（lì）：擽，击、打。指凌辱虐待他人。

【译文】

大蟒蛇蛋招致灾难的比喻故事

从前有一位商人，到大海寻找珍宝，遇上龙神要将船整个掀翻淹没，人们都十分恐惧。龙对商人说："你去过前面的国家没有？"商人回答说："过去曾经去过。"龙交给他一个大蟒蛇蛋，像装五升水的瓶子那么大。龙说："你拿上它，埋在那个国家市场中的大树下。如果不按我说的做，以后我就会杀了你。"商人答应了，随后经过那个国家就把蟒蛇蛋埋在市中的大树下。从此以后，这个国家多灾多难，瘟疫不断。

国王因此招来术士寻找原因，术士说有蟒蛇蛋埋在国家之中，所以灾难瘟疫不断。于是将蟒蛇蛋挖出来烧了，各种疾病尽除。商人后来渡海，又遇见龙神问起商人答应办的事。商人说："按照你的要求，把蟒蛇蛋埋在市中。这个国家疾病瘟疫频发，国王招来了婆罗门的修行者。找到了蟒蛇蛋焚烧后，疾病尽除。"龙神说："真恨不得杀了这些奴才。"船上的商人问龙神："为什么要这样？"龙神说："你可曾听说这个国家有一位勇士？"回答说："久闻大名，但他已死了。"龙神说："那就是我的前生，我平时恃力凌辱虐待国中的人民。起初没有人管束和批评我，反而夸奖我，放纵我作恶，使我死后堕入蟒蛇中，所以我要把他们全杀了。"

所以说，人们应当相互劝诫批评，从善如流。不要自恃力大气盛，就凌辱虐待他人，从而招致恶报，堕入地狱、饿鬼、畜生三恶道饱受煎熬之苦。只听到凄惨的声音，实在不可想象其痛苦的处境。

【辨析】

这篇比喻故事寄寓着双重喻理：一是作恶多端，必受报应，如故事中的"健儿"，堕入畜生道；二是纵恶也会遭到报应，如果一味怂恿"自恃势力，陵摈于人"的恶行，而不加以制止，也会形成"共业"，受到举国灾难瘟疫不断的报应。

故事中一个负气而行的神龙，尚能反思自己的行为，斥责那些"奴辈"对他的放任，暗喻阿谀奉承的小人是恶行的帮凶。

蟒蛇蛋比喻历史的"共业"，助恶之行也会带来恶报。在印度文化中龙蛇属于同类，这和中华文化中对龙的认识有所不同。

三十二

五百盲人因缘喻

【题解】

风吹水皱，雁过留声；善念恶行，皆有业报。本文五百盲人的前缘后果正表明佛教业力不失，慎言戒行的喻理。

【经文】

昔波罗奈国[1]有五百盲人，周行乞索。值世饥俭，无所得。自共议曰："佛在舍卫[2]教人惠施，当诣彼国可得济命。"各曰："当雇一人牵吾等到彼。"五百盲人各许一银钱，其人即许。将到彼国，便尔进路。受雇者语诸盲人曰："此下道险，卿等各以钱付我。若逢寇贼，我当藏之。"盲人尽以钱付之，其人得钱便尔舍去。诸盲人周游数日，饥渴不知道路，即共同时归命于佛。言："佛神圣当哀我等，令免此厄。"佛即忽然现神在前，手摩盲头皆得眼明，饥渴饱满。五百人欢喜，踊跃愿为弟子。须发即落，衣钵法服。佛重为说法，皆得应真[3]，飞随佛还诣祇洹[4]。

阿难白佛："此五百人宿命有何罪福？"佛言："昔过去世有长者，雇五百人作。先取作直各散舍去，然后历世故受此厄。是时长者，今担钱去者是也。债解值吾开悟，今皆得道，罪福如是。"是以人之造业不同：或是造业，或是报业，不可不慎也。

【注释】

［1］波罗奈国：旧称伽尸国，古印度的小国。以信奉佛教小乘正量部为特征。

［2］舍卫：即舍卫城，亦称舍卫国，是憍萨罗国的都城，国王波斯匿。该国与摩竭陀国皆为佛陀时代的强国。波斯匿王与佛陀同龄，以佛陀为师。

［3］应真：即罗汉，又称阿罗汉、应供、不生等，是小乘佛教证悟四果中的最高果位。另外三种果位是须陀洹，梵文音译，意译为入流、预流，是小乘佛教修证的四果中的初位；斯陀含，是二果；阿那含，为三果。

［4］祇洹：憍萨罗国舍卫城南，又称祇园、祇园精舍，意为胜林。佛陀常年在此传法。与王舍城竹林精舍并称，为早期佛教两大精舍之一。精舍，意为修行者的住所。

【译文】

五百盲人前世因缘的故事

从前在波罗奈国有五百位盲人，四处行乞谋生。遇上饥荒，世事艰难，乞讨一无所得。大家商议说："佛陀在舍卫国教化人们行善布施，我们到舍卫国就可以活命。"有一位说："应当雇一位向导带领我们到舍卫国。"五百位盲人每人出了一两银子当路费，向导当即同意。在将要到达舍卫国时，有一条近路。受雇的向导对盲人说："接下来的道路艰险，你们每人把路费先付给我。如果遇到了寇贼，我会把钱藏好。"大家都把钱给了他，向导得到钱后便扔下大家独自离去。盲人们转圈转了几天后，饥渴交迫又找不到道路，随即共同皈依了佛陀。期盼说:"圣明的佛陀会哀悯我们,让我们免除厄运。"佛陀当即显现在盲人面前,以手抚摸盲人们的头使他们的眼睛都得以恢复光明,不再挨饿受冻。五百盲人欢喜雀跃,发愿成为佛陀弟子。然后削去头发和胡须,身着袈裟。佛陀又为他们解说佛法,都证得了阿罗汉果,跟随佛陀到了舍卫城南的祇园精舍。

弟子阿难问佛陀:"这五百人的前生有什么罪业和福德呢?"佛陀回答:"从前有一位年长者,雇了五百个人做工。先付给了工钱,结果都先后各自离去,此后这五百人世代蒙受双眼失明的厄难。当时的那位年长者,就是今天拿了钱离去的向导。了结过去的债后,我使他们开悟,今天才都证得佛果,罪业和福报的因缘就是这样。"所以人所造所受的业不同:有的是今生所造的业,有的是前生所造之业的报业,因此人的言行举止不能不谨慎。

【辨析】

佛教因果报应的理论学说,是信仰者的真实。这也符合一切善良人们的心理期许。在故事中,前生五百人欺一位年长者,后世一向导诈五百盲人,作者巧妙地运用了数字的对应,给读者以强烈印象。这一构思,明喻世事人心的贪婪;暗喻以多欺少、以强凌弱的社会现实。还表现了佛教业力不失,因果报应的喻理。使读者极易产生认同感,从而有益于人的道德的自我完善。

三十三

善 知 识 喻

【题解】

故事的两人平素关系亲密，遇到危难时却视为路人；佛教大德救人于危难，慈悲喜舍。通过这种对比尽显佛门普度众生的宏大胸怀。

【经文】

昔有二人亲亲[1]，为知识不相违失。后一人犯罪，罪应至死，便亡走过知识，知识不开门。逆问："卿是何人？"答曰："我是知识也，有罪故来相过耳。"其人语曰："缓时为亲亲，有急各自当去，不前卿也。"知识大不乐，自念曰："人缓时出入行来，饮食不相舍离。云何有急，便尔相弃耶，岂是厚乎？"便去欲入山。复有一善知识往过之，其人便开门藏之言："卿与我虽疏，当送卿着安隐处。"便以车载珍宝，自往送到他国。当与彼王、诸长者所在相闻，为作宫室。安着田宅财宝，供给与已舍还。佛尔时见此人，便引为喻：

犯罪者，喻人精神；亲友者，喻四大身；善知识者，喻三归五戒[2]。喻人将养四大，饮食肴膳四事无乏，无常对至当堕恶趣，求其藏避须臾，反闭门不前。后遇善知识，知识将至他国安着，所须供给无乏，喻布施、持戒至身死时，福力所引送到天上，七宝宫殿，服天宝衣，天百味食，自然至极乐无量。

是以人生世勿食自养，当割减作福。如养四大身岂有所益，知者应行之。

【注释】

[1] 亲亲：形容十分亲近。

[2] 三归五戒：三归，指皈依佛、法、僧三宝。五戒，指信守佛教不杀生、不偷盗、不邪淫、不妄语、不饮酒的戒律。

【译文】

佛教心灵导师的比喻故事

从前有两个人关系十分亲密，探讨学问和知识不相违背。后来有一个人犯了罪，要被处死，在逃亡时经过另一个人的家，这位学者不开门，反而明知故问："你是什么人？"对方回答说："我是和你交往甚密的学者，因为犯了罪来躲避。"这位学者说："平时相互亲近，遇事时各自管好各自的事，不再是从前的朋友了。"门外的学者听了很不是滋味，心想道："平时相互往来，在一起用餐。为什么有事时，便相互舍弃，岂不是太无情义了吗？"便想去山中躲避。路过一位佛教大德的家，这位大德便开门让他藏身并对他说："你和我平时虽然疏远，但现在应当送你到安全的地方隐藏。"大德就用车装载上家中的珍宝，亲自把学者送到其他国家。学者和这个国家的国王、许多德高望重的人都认识，他们就为学者在宫廷安排了职务。给他安家的田地、住宅、财物和珠宝，供给齐全。佛陀当时见到过这位学者，便将此事引以为喻：

犯罪的学者，比喻人的精神受到了挫折；亲近的朋友，比喻地、水、火、风四大和合之身；佛教的大德，比喻皈依佛、法、僧并持守不杀生、不偷盗、不邪淫、不妄语、不饮酒五戒。明喻世人平时养护着由四大和合之身，饮、食、起、居这四件事也不缺乏。世事无常，当要堕入地狱、饿鬼、畜生三恶道时，为了暂时躲避苦难，朋友却闭门不开。后来遇到佛教大德，把学者送到其他国家安顿，所有供给不缺，比喻布施、持戒的人临终时，福报的业力会把他接引送到天界，住在金、银、琉璃、砗磲、玛瑙、琥珀、珊瑚七宝装饰的宫殿，穿着天界珠宝点缀的衣裳，吃着天界美味，自然安享一切，欢乐无边。

所以人生在世切莫饱食终日，应当积善修福。如果只养护地、水、火、风四大和合的身体岂能有长久的利益？认知了佛教义理的人应当信奉教义，履行五戒。

【辨析】

我们常说："在家靠父母，出门靠朋友"、"一个篱笆三个桩，一个好汉三个帮。"但佛教对此却有自己独特的看法，认为世事人心更多的是利益的结合。人在欲望的牵引下，所形成的是一个个利益关系链条。没有永恒的朋友，只有永远的利益。故事中两位交往过甚的学者，在平时互相尊重；在朋友遇到灾难时却毫不留情地拒之门外。令人真切地感受到世态的炎凉，从而揭示出"世情看冷暖，人面逐高低"的生活现实。

大乘佛教本着普度众生的慈悲胸怀，对一切人都存有"无缘大慈，同体大悲"之心，我们熟知的是"佛度有缘人"，"卿与我虽疏，当送卿着安隐处"，正是佛门高僧大德的践行。也是以一灯燃百灯，百灯燃千万灯，自明明他，照亮一切黑暗，让天下所有人离苦得乐的菩萨情怀。高尚和卑微在这种对比中，昭示于人。

此外，故事在阐发佛教教义和喻理时，一口气列出了"五喻"，皆寄寓深意，表现了佛教对世事人生的见解。同时，敢于藏匿犯了死罪的人，并将其转移出境，则显示了佛教对现实世界中一切王权的轻蔑态度。明喻佛门的救苦救难。暗喻专制社会的草菅人命，所谓"欲加之罪，何患无辞"？

三十四

佛弟子不杀生喻

【题解】

持戒可以上天堂，违律就得下地狱，这是佛教地狱学说的表述，也是劝诫佛弟子的俗讲。本文以佛弟子宁死也不犯杀生之戒，表现了生死事小，违律事大的喻理。

【经文】

佛般涅槃后百岁，有国王事天神。大祠祀用牛羊猪豚[1]犬鸡各百头，皆付厨士杀牛羊。

厨士中有一优婆塞言："我持佛戒，不得杀生。"厨监大恚，即白佛言："欲治之。"王问曰："汝故欲违我教耶？当杀汝。"厨士答曰："我是佛弟子，受持五戒。宁自杀身不违佛教而便杀生。若随王教犯杀者，死入地狱，巨亿万岁罪竟乃出，常当短命。持戒不缺就王诛者，死转上天，天上得福所愿自然。今假令当死，转此生身，当受天上，罪福之报相去殊远。我以是故死，死不犯耳。"王言："与七日期，当以象蹋杀汝。若不死者，语乃有实。"

七日之后，士尽是优婆塞，身作佛身相[2]如佛形。以验五百象往蹋之，优婆塞如佛法，则举手五指化为五岳[3]山。一山间有一师子出，象见师子，惶怖悉皆伏地，如佛在时。王尔乃信知有佛，便罢祠祀。从此人受佛戒，臣吏人民亦皆从受戒。遂为国师，贤者持戒度人如此。

【注释】

［1］豚（tún）：指哺乳动物，也指小猪或泛指猪。

［2］佛身相：这里指法身、报身、化身三种佛身。中国佛教天台宗认为，毗卢遮那佛是法身佛，卢舍那佛是报身佛，释迦牟尼佛是化身佛也称应身佛。法身佛，体现了真理；报身佛，表示证得了佛法智慧；化身佛，表示随缘教化，特指佛陀的生身。

［3］五岳：中国五大名山的总称。即东岳泰山、西岳华山、北岳恒山、中岳嵩山、南岳衡山。泰山为五岳之首，在于它是历代封建帝王封禅祭祀的地方，也是封建帝王受命于天，一统天下的象征。本文指五座山峰。

【译文】

佛弟子不杀生的喻理

佛陀灭度一百年后，有一位国王供奉天神。举行大型祭祀活动，需要牛、羊、猪、狗、鸡各一百只，都交给厨师宰杀。

厨师中有一位男居士说："我信奉持受佛教戒律，不能杀生。"管理厨师的官吏很生气，就对这位佛弟子说："我要报告国王整治你。"国王就问厨师："你要违反我信奉的神教吗？我会杀了你。"厨师回答说："我是佛弟子，信守佛教不杀生、不偷盗、不邪淫、不妄语、不饮酒的戒律。宁愿自己被杀也不违反佛陀教义而杀害生灵。如果随从国王的神教犯了杀生的戒律，死后堕入地狱，在漫长的岁月里赎罪，转生后也会短命。我持戒不失，就算国王杀了我，死后也会转生到天界，在天上得到一切福报，心愿自然得到满足。今天即使被杀死，转生到天界，罪业和福德的果报相去甚远。因此我就是死，也不犯戒律。"国王说："给你七天期限，如不从就让大象踩死你。如果你死不了，我才相信你说的是实话。"

七天之后，厨师都信奉了佛教，身体化作佛陀的形象。国王放出五百只大象踩杀，佛弟子如法身佛，举起手来五指化为五座山峰。每一座山间有一只狮子，大象看见狮子出来，惊恐不安都卧倒在地，就如佛陀在世时卧在佛陀脚下一样。国王这时才相信有佛法，便停止了祭祀天神。国王从此接受了佛教的戒律，大臣和人民也都从此接受了戒律。随后拜男居士为国师，佛弟子持戒度人就是如此。

【辨析】

这篇比喻故事所极力表现的是一位信仰者的坚定信念。

故事中有两位主要人物。一位是在国王的淫威下，坚决不违犯佛教五戒的居士。这位在家修行的佛弟子之所以能宁死不犯戒，就在于他对佛教的因果报应学说深信不疑。他以对天界的憧憬和对地狱的惧怕，来表明他对佛教的诚信，具有很强的说服力，并以此比喻佛法常住人间。另一位是国王，不仅在人间穷奢极欲，还祈求受到天神的护佑，使江山永固、统治长存。国王对于违背他意愿的人，绝不留情和宽恕。这从他祭祀天神要用牛、羊、猪、犬、鸡各一百只，以及要用大象踏杀持守五戒的厨师的行为中，看得清清楚楚。从祭天以及后来信奉佛教的叙述，则更加说明他生前想受到天的庇护，死后更想上天堂的强烈愿望。

故事对佛弟子伸出五指变成了五座大山的描述则充满了夸张和神奇的想象，把对佛教的信仰，表现得淋漓尽致。我们可以从中找到我国古典小说《西游记》中孙悟空被压在五指山下的源头，也可领悟到本文佛法无边的喻理。

三十五

得一子如四子喻

【题解】

本文描述了一位虔诚的女居士完成心愿的过程。来祈求佛陀能让自己得四子达成四项心愿，其结果是只得一子，遂成四愿。采用"数不就而事成"的"差等"手法，表达了佛门积福修德，圆满具足的喻理。

【经文】

昔佛在世时，有一优婆夷，朝夕诣佛供养，尽虔未曾有懈。佛知而问："欲何志愿也？"便白佛言："若有福报，愿欲现世生四子。"佛便问："何以索四子也？"优婆夷言："若四子长大，令一人主治生贾市，积聚财宝；令一人知田农畜养，积聚六畜及谷；令一人求官食禄，覆荫门户；欲令一人出家作沙门，得道成就还度父母及一切人。求四子者，正为此耳。"佛言："令汝得所愿。"优婆夷大喜，为佛作礼而去。

后生一男，聪明点慧，其母爱之世间无比。子后长大便问母言："慈爱何以太甚？未有此比。"母语子言："本愿四子，唯得汝一人。并爱在汝许，是以尔耳。"所欲之意，悉向儿说。儿闻母说，深感母志。便行治生，未满一年得巨亿财；次安田业畜牧，盖泽牛马谷米甚无数；次行学问仕进求官，取妇生男门户，遂成豪之家。复启言："所以求四子，各知一事。今代为之，三事粗办，唯少一事，得出家者甚善。"慈母曰："四子之愿得具足矣。"母心念言："本愿四子，各付一事，尚恐不办。此儿所作，过于本望，令得出家必能成道。"即听出家。

儿辞母向佛所，求作沙门，即得具足精进[1]。不久得阿罗汉道。还度父母及一切人，得福得道，无不欢喜。是以作福发愿，但在心志，无往不得也。

【注释】

[1] 精进：佛教名词，六度之一。六度即布施、持戒、忍辱、精进、禅定、智慧，是佛教六种度脱人生苦难的修行方法。

【译文】

有一个儿子如有四个儿子的比喻故事

从前佛陀在世时，有一位在家修行的女居士，每天到佛陀的住所供奉，十分虔诚从未有过懈怠。佛陀知道她有期盼，便问："你奉佛有什么心愿呢？"女居士便回答佛陀说："如果信佛有福报的话，我愿生四个儿子。"佛陀便问："为什么要生四个儿子？"女居士回答说："如果有四个儿子，等他们长大后，让一个儿子经商，积聚财富珍宝；让一个儿子从事农业和畜牧业，积聚马、牛、羊、猪、狗、鸡六畜以及稻谷；让一个儿子求仕途得俸禄，福荫子孙光耀门户；还要让一个儿子出家修行，证悟得道成就佛果并救度父母和一切人。祈求有四个儿子，就是为了完成这四个心愿。"佛陀说："我会让你如愿。"女居士听后无比高兴，向佛礼拜后离去。

女居士后来生下一个男孩儿，聪明过人，做了母亲的她对这个儿子的疼爱简直无人可比。儿子长大后便问母亲："你对我为什么如此地慈爱和呵护？没有人能相比。"母亲对儿子说："我本来希望生四个儿子，但只得了你一人。把对四个儿子的爱都倾注在你一人身上，所以这样。"就把原来心中的愿望，告诉了儿子。儿子听了母亲的话，深深地被母亲的祈愿所感动。便做生意，不到一年就得到亿万的财富；又安置田产经营农业和畜牧业，家中饲养的牛马成群、收获的稻谷无数；接着又钻研学问求仕途，得官位俸禄后，娶妻生子光耀门楣，成为豪门贵胄之家。随后对母亲说："您所求的四个儿子，各成就一项事业。今天由我代为实现，其中三项事业已略成，只少一件事，就是出家行善积德。"慈母回答说："由四个儿子来完成的心愿都得以实现。"母亲心想："我原来祈愿有四个儿子，每人托付一项事业，还唯恐办不到。这一个儿子的所作所为，已经超过了我原来的期望，让他出家修行一定能成就佛果。"随即答应了儿子出家的请求。

儿子辞别了母亲，来到了佛陀的住所，祈求做了一位出家修行的人。精勤勇进，修习六度，不久便证得了阿罗汉道果。还救度父母及一切众生，人们得福报得佛果，无不欢喜万分。所以积福德发大愿，只要心诚志笃，就能无所不得，心想事成。

【辨析】

这篇比喻故事的表现手法独树一帜，内容情节引人入胜。这就是佛教经典中的"带数式"，即巧妙地以赋予数字这样的抽象概念，丰富的内蕴，形成反差和对比，留给读者深刻的印象以及对佛教义理的感悟。把"四子做四事"具体转化为"一子做四事"。如此一来，"一"与"四"两个数字，就自然形成了对比；而且数字虽然不同，而人物心中所愿和所得却一丝不缺、分毫不差。"一人成就四事"和"四人成就四事"又形成了另一个层面的对比。正所谓

"好儿不要多，一个顶十个"。

母亲信奉佛陀的教义，比喻行善积德；成就的前三件事，比喻世间的衣食住行、功名利禄、人丁兴旺；第四件事出家修行，喻指只要心诚志笃，就能无所不得，心想事成。隐喻佛陀法意：事半功倍、出人意表；世间万法，唯在一心。暗喻一个法理：只有你想不到的，没有佛做不到的。

三十六

老母欲随子死喻

【题解】

佛教认为，生死从本质上看，只不过是因缘的和合与消散。死是生命的重生，生死不二。放下对"生"无谓的执著，才能生不足喜，死不足悲，本篇阐发了生命无常的喻理。

【经文】

昔有一老母，惟有一子，得病命终。载着冢间，停尸哀感，不能自胜。念曰："正有一子，当以备老。而舍我死，吾用活为？"不能复归，当并命一处。不食不饮，已四五日。

佛知，将五百比丘诣冢间。老母遥见佛来，威神光奕，迷悟醉醒[1]，前趣佛作礼住。佛告老母："何以冢间也？"白言："世尊，唯有一子，舍我终亡。爱之情重，欲共死在一处。"佛告老母："欲令子更活不也？"母言："善，曰欲得矣。"佛言："索香火，吾当咒愿[2]更生。"告老母："宜得不死家火。"

于是老母，便行取火。见人辄问："汝家前后，颇有死者不？"答言："先祖以来，皆死过去。"所问之处，辞皆如是。经数十家，不敢取火。便还佛所，白言："世尊，遍行求火，无不死者，是以空还。"佛告老母："天地开辟以来，无生不终。人之死亡，后人生活，亦复何喜。母独何迷索，随子死也？"母意便解，识无常[3]理。佛因尔广为说经法，即得须陀洹道。冢间观者，数千人。发无上正真道意也。

【注释】

[1] 迷悟醉醒：迷悟，痴迷。醉醒，醒悟，此处为大梦初醒。

[2] 咒愿：指祈福禳灾、驱鬼降妖的口诀。佛教咒语意为佛之密语，非圣贤不解。诵咒大体上有成就、增益、破恶、召魔降伏、伏一切邪咒、吉祥等功德。

[3] 无常：佛教认为一切事物，都是因缘和合而成，因去则去，缘灭则灭，并无一个实体，都处在成、住、异、灭的过程，故曰无常。借指死亡，也常用作喻词，如：无常海、无常鬼、索命无常等。

【译文】

老母亲痛不欲生的喻理

从前有一位老母亲，只有一个独生儿子，却不幸得病而死。儿子被送往墓地时，她拦着不走对尸哭号，悲痛不已。她哭喊着说："我只有你一个儿子，能为我养老，却先我而死，我活着还有什么意思？"怎么也不肯回去，要和儿子一同归去。连续有四五天不吃不喝了。

佛陀知道后，带着五百弟子来到墓地。老母亲远远看见佛陀，神威之光奕奕生辉，老母亲方如梦初醒，来到佛陀面前施礼。佛陀问老母亲："为何留在墓地？"回答："受世人尊敬的佛，我只有一个儿子，他死了丢下我一个人了。我如此深切地爱他，想和他一起去死。"佛陀对老母亲说："你想让儿子活过来吗？"母亲惊喜地回答："是的，想让儿子活过来。"佛陀说："准备好香火再来，我为你念咒，让儿子再生。"又对老母亲说："要用没有死过人的家庭的香火。"

于是老母亲，就回去寻找香火。她见人就问："你家过去，是否没有死过人？"回答说："先前的祖辈，都已去世。"所有问过的人家，都这样回答。问了几十家都如此，都不敢取他们的香火。只好回来见佛，对他说："受世人尊敬的佛，找遍了各家的香火，但没有不死人的家庭，所以空手而归。"佛陀对老母亲说："自从开天辟地以来，没有长生不死的人。前人死了，后人还要生活，也要活得快乐。老母亲你为何这样犯迷，要随子而死呢？"老母亲因此顿时疑开惑解，认识了一切无常的道理。佛陀为她解说了佛教义理，老母亲随即证悟了佛果。在墓地围观的人们，有成千上万，都发愿要修习佛教的义理。

【辨析】

这篇比喻故事与《杂譬喻经》第三十五篇《老母欲随子死喻》内容重复。但有三十三个字不同，而且多出两个短句，全文标点后不足四百字，但十字之内，必有差异。可见汉译佛典不同版本之间文字的差别，读者不可不慎。两者比较，还可看出，本篇文字更为流畅，较少生涩之感。

生死观是人生观的重要组成部分，对于"死亡"这个严肃、沉重的话题，人们往往采取回避的态度。一般认为，死亡意味着人生的终结，因而希望以对生的延长来抗拒死亡。近些年来，与死亡相关的过度治疗，以及无意义的延长生命，也引发了现代社会人们的广泛关注和讨论。人应该珍惜有限的生命，也应当有把握自我生命的权利。能否正确地对待死亡，是一个社会文明的重要标志。活着的时候，怀有生之喜悦，在面对死亡的时候，是否还能保持平常心，坦然地面对？每一个人都最终要作出回答。

所谓"不知生，焉知死"？传统的儒家对死亡及死后的关注和探讨较少，在对待死亡问题上，也常常显得无奈。缺乏对人的"临终关怀"，这不能不说是其不足。

佛教从有生就有死，人生无常的教义，来解释生死这一自然现象，从生、老、病、死，人生是苦出发，来解释自然的生命过程，从而超越生命，解脱生死。佛教还创造性地提出了相关的一系列理论和学说，如六道轮回学说，净土世界的归宿，解脱往生的"世间法"，等等，表现出一种善良的、慈悲的愿望，对人的心灵有着不可忽视的关怀和抚慰作用。

三十七

妇杀人子喻

【题解】

这篇比喻故事，情节较为曲折。写的是大夫人害死了小夫人的儿子，小妇人死后七次变为大夫人的女儿，七次夭折，让大夫人痛不欲生。借此阐明了佛教恶有恶报、业力不失，以怨报怨、皆为恶缘的双重喻理。

【经文】

昔有一人两妇，大妇无儿，小妇生一男，端正可爱，其婿甚喜。大妇心内嫉之，外徉爱念，剧于亲子。儿年一岁许，家中皆知大妇爱重之，无复疑心。大妇以针刺儿穴[1]上，令没皮肉。儿得病啼呼，不复乳哺。家中大小，皆不知所以，七日便死。大妇亦复啼哭，小妇摧念啼哭，昼夜不息，不复饮食垂命。

后便知为大妇所伤，便欲报雠。行诣塔寺问诸比丘："大德，欲求心中所愿。当修何功德？"诸比丘答言："欲求所愿者，当受持八关斋[2]，所求如意。"即从比丘受八戒斋便去，却后七日便死。转身来生大妇，为女端正，大妇爱之。年一岁死，大妇端坐不食，悲咽摧感剧于小妇。如是七返，或二年，或三年，或四、五年，或

六、七年。后转端正，倍胜于前。最后年十四已许人，垂当出门即夜便卒死。大妇啼哭忧恼，不可复言，不复饮食，昼夜啼哭，垂泪而行。停尸棺中不肯盖之，日日看视。死尸光颜益好，胜于生时。

　　二十余日，有阿罗汉，见往欲度脱。到其家从乞，令婢持一钵饭与之，不肯取。语婢：“欲得见汝主人。”婢还报云：“欲见大家。”答言：“我忧愁垂死，何能出见沙门？汝为持物乞与令去。”婢持物与沙门，故不肯去。沙门言：“欲见主人。”婢如是数反，沙门不去。妇愁忧无聊，沙门正住不去。乱人意不能耐之，便言：“呼来。”沙门前见妇，颜色憔悴，自掩面目，不复栉梳。沙门言：“何为乃尔？”妇言：“前后生七女，黠慧可爱便亡。此女最大，垂当出门，便复死亡，令我忧愁。”沙门言：“栉梳头拭面，我当语汝。”妇故哭不肯止，沙门谓言：“汝家小妇今为所在，本坐何等死？”妇闻此言意念：“此沙门何因知之？”意中小差。沙门语言：“梳门头逮，我当为汝说之。”妇即敛头讫，沙门言：“小妇儿为何等死？”妇闻此语，默然不答，心中惭愧，不敢复言。沙门言：“汝杀人子，令其母愁忧懊恼死。故来为汝作子，前后七反。是汝怨家，欲以忧毒杀汝。汝试往视棺中死女，知复好不。”妇往视之，便尔坏烂臭不可近，问：“何故念之？”妇即惭愧，便藏埋之。

　　从沙门求哀，欲得受戒。沙门言：“明日来诣寺中。”女死便作毒蛇，知妇当行受戒，于道中待之，欲啮杀之。妇行蛇遂遮前，不得前去。日遂欲冥，妇大怖懅心念言：“我欲至沙门许受戒，此蛇何以当我前，使我不得行？”沙门知之，便往至妇所。妇见沙门大喜，便前作礼。沙门谓蛇曰：“汝后世世更作他小妇，共相酷毒，不可穷尽。令现世间大妇一反杀儿，汝今懊恼已七返。汝前后过恶皆可度，此妇今行受戒汝断其道。汝世世当入泥犁[3]中，无有竟时。今现蛇身何如此妇身。”蛇闻沙门语，乃自知宿命。烦怨诘屈，持头着地不喘息，思沙门语。沙门咒愿言：“今汝二人宿命更相懊恼，罪过从此各毕，于是世世莫复恶意相向。”

二俱忏讫，蛇即命终便生人中，于时听沙门语，即心开意解，欢喜得须陀洹道。便随沙门去受戒，作优婆夷。是故罪业怨对如此，不可不慎之。

【注释】

[1] 穴：原文是一个古今皆无的异体字，根据文义，改为"穴"，意为用针扎孩子的穴位，致使身亡。

[2] 八关斋：一般指佛教的八条戒律，即不杀、不盗、不淫、不妄语、不饮酒、不饰身观歌舞、不卧高广大床、过午不食。还有不同说法。

[3] 泥犁：梵文音译，汉译即地狱。

【译文】

大夫人杀小夫人儿子的比喻故事

从前有一位男子娶了两位夫人，大夫人没有儿女，小夫人生了一个男孩儿，相貌端正可爱，丈夫十分高兴。大夫人心生嫉妒，表面上装作喜爱孩子的样子，对他仿佛比自己亲生的儿子还要好。小男孩长到一岁的时候，家里的人都以为大夫人非常喜爱孩子，对她没有任何怀疑。大夫人用针刺进男孩的死穴上，深深扎进皮肉之内。男孩儿得病后啼哭不已，不再吃奶。一家中老小，都不知孩子得了什么病，七天后孩子便死了。大夫人也假装悲痛而哭泣，小夫人痛苦至极，日夜悲啼不止，饮食不进，生命垂危。

小妇人后来才知道此是大夫人所为，便一心想要报仇。她到寺庙问出家修行者："大德，如果祈求心中的愿望实现。应当修什么功德？"出家人回答说："祈求心愿实现的人，应当遵守'不杀、不盗、不淫、不妄语、不饮酒、不饰身观歌舞、不卧高广大床、过午不食'这八条戒律，这样所求的心愿就能实现。"小妇人当即接受了出家修行者的八条戒律，随后离去，回来后七天就死了。小妇人死后转生为大夫人的女儿，这个女孩儿仪貌端庄，大夫人很是喜爱。长到一岁时便死了，大夫人整天呆坐着吃不下饭，悲伤痛苦超过当年的小夫人。就像这样此后一连七次，大夫人生下的女儿长到二岁，三岁，四岁，五岁，六七岁时就都死去。最后一次小夫人转生为大夫人的女儿，端庄的仪貌，远远胜于前面的女儿。在十四岁时就许配好了人家，但临出嫁的前夜便猝死了。大夫人痛苦万分，号啕大哭，既不说话也不吃不喝，日夜哭泣，泪流满面。她把女儿的尸体放在棺木中每天看着，不肯盖上。觉得死后的容颜越发娇媚，远远胜于活着的时候。

这样过了二十多天，有一位阿罗汉，知道这事后就想度脱她们。他来到大夫人的家中乞食，大夫人就让女仆拿一碗饭给他，但他并不肯走。阿罗汉对女仆说："我要见你的女主人。"女仆回去报告说："出家人要见大夫人。"大夫人听后说："我忧愁痛苦得都快死了，哪有心情出来见出家人？你给他拿些食物让他走。"女仆拿了食物给出家人，这位出家人仍不肯走，坚持说："一定要见你的主人。"女仆来来回回了几次，出家人仍坚持不走。大夫人心中忧愁不堪，出家人又不走。搅得她心烦意乱，便说道："叫他来吧。"出家人前来，见大夫人容颜憔悴，自掩其面，也不梳洗打扮。出家人说："你为什么这样呢？"大夫人说："我前后生了七个女儿，聪明可爱都早夭了。这个女儿年龄最大，将要出嫁时死了，让我忧愁不堪。"出家人说："请你先梳头洗脸，我有话对你说。"大夫人仍然哭泣不止，出家人就问她说："你家的小夫人现在在哪里？她是因为什么原因死的？"大夫人听了这话，心想："这位出家人是怎么知道的？"心中一时慌乱。出家人又说："你梳头洗脸后，我会告诉你的。"大夫人梳洗后，出家人说："小夫人的儿子为什么死的？"大夫人听了，沉默不语，心中惭愧不敢回答。出家人说："你杀害了小夫人的孩子，孩子的母亲忧愁痛苦而死。因此她投生来做你的孩子，前后一共七次。她是你的冤家，要以恶还恶来报复你。你去看棺木中死去的女儿，便知道她是否完好。"大夫人前去一看，女儿的尸体已腐烂，臭不可闻。出家人问："这还有什么可怀念的呢？"大夫人心中惭愧，便把尸体深深地掩埋了。

大夫人哀求出家人，要受戒修行。出家人说："你明天到寺庙中来。"小夫人变作的女儿死后又化作一条毒蛇，知道大夫人要去寺庙受戒，就想在半路上咬死她。大夫人往寺庙走，毒蛇就挡在前面，不让她走。天渐渐黑了下来，大夫人十分害怕，心想："我向出家人承诺要接受戒律，这条蛇为什么要挡在我的面前，使我不能成行呢？"出家人知道了以后，便来到了大夫人所在的地方。大夫人看见出家人，心中惊喜，便上前礼拜。出家人对蛇说："你会世世代代都做你丈夫的小夫人，相互毒害不能穷尽。在今生大夫人杀了你的儿子，你为报仇已经七次让大夫人丧女。你为报以前的仇这样做还尚可度脱。现在你阻挡大夫人受戒。这样你会世世代代堕入地狱之中永无出头之日。变为毒蛇之身为什么还要阻挡大夫人改恶向善？"蛇听了出家人的话，知道了自己的宿命。心中烦乱和委屈，低头垂地静下心来，思索出家人所说的话。出家人祈愿并告诫她们："今生你们两个人宿命相互仇恨，但从此以后所有的罪业都应一笔勾销，世世代代切莫以恶报恶。"

两位夫人都深深地忏悔，毒蛇随即生命终结也投生到人间，听了出家人的开示后，立即化解了仇恨，心中欢喜，证悟了佛门的初果。大夫人追随出家人接受了佛教的戒律，成为一位在家修行的女居士。

所以，罪业深重、冤冤相报的道理就是这样，人们不可以不慎重地对待和认识。

【辨析】

这篇比喻故事以新颖独特的构思，极其丰富的想象推进整个情节。时间和空间不断转换，交叉进行。大夫人害死了小夫人的儿子，小妇人在悲痛中知道实情后，死后八次投胎，其中七次成为大夫人的女儿，一次化为毒蛇，都是为了一个目的：报仇。她的快感是从大夫人的痛苦中得来的，她唯一的寄托就是要让大夫人一次次亲身感受丧子的悲痛。复仇成为她存在意义。她的八次死而又生，对应着大夫人的七次死去女儿，一次到佛寺的路上的被困。

在表现方法上，"以一对八"，不仅时空对接，而且在时间上逐层递进，从一年到最后一次的十四年。这样，女儿生命每次延长又每次逝去，带给大夫人的痛苦就一次比一次深。可以看出，小妇人复仇的欲望不断地升级。但是，小妇人快乐吗？答案是显而易见的，她在每一次的报复中，都会增加自己的仇恨，也会带来更深的痛苦。故事正是这样实现了作者所要表达的喻理：以怨报怨、以恶报恶，永无休止，会使人陷入无边的苦海劫波。

故事情节的叙述，寄寓着多重喻义，丰富的思想内涵，反映出佛教对人生和社会的深刻认识，揭示了佛教对现实世界的批判立场。

首先，大夫人将自己的妒忌，加以掩饰，最后对小男孩加以暗害；小妇人的愤怒和仇恨，以自己的痛苦感受，加倍在大夫人身上报复。以此比喻人心的险恶，世事的艰难；隐喻"最毒妇人心"以及"唯女子与小人，为难养也"的封建意识；暗喻世间的爱恨情仇，无休无止的算计仇杀，会坠入苦难的深渊。又蕴涵着欲望是带来人间一切痛苦之源的佛教教义。

另外，由一个丈夫，两位夫人之间所引起的家庭内部矛盾，以及由此所产生的仇怨，反映了佛教对这种封建家庭结构的否定，揭示出造成两位夫人之间痛苦的社会原因。比喻在夫权下的女性，只会陷入无法摆脱的家庭争斗、邀宠之中；隐喻女性痛苦是男性造成的，暗喻社会的不公和贪欲，是女性苦难的根源。同时，也蕴涵着只有信奉佛法，才能获得解脱的教义。

时代在前进，社会在发展，但是佛教经文中所揭示的问题，仍然并未得到解决，这就使我们每一位认真的读者，在阅读时，不免内心感到一种压抑和沉重。窃以为：实现男女平等，需要全社会的共同努力。从我们社会的现实来说，女性前行的脚步，虽然没有停止过，但仍然步履维艰。因而，妇女解放任重而道远。

三十八

雨 血 喻

【题解】

这篇比喻故事以能喷射毒气的"人蟒"为叙述中心，阐发了无论罪业多么深重，只要亲近善知识，即精研佛理的大德高僧，就能够幡然悔悟，证得佛果的喻理。

【经文】

昔舍卫国一旦雨血，纵广四十里。王与群臣甚大惊怪，即召诸道术及知占候使推之，知为吉凶。占者对曰："旧记有云：'雨血之灾，应生人蟒毒害之物。'宜推国内，彰别灾祸。"王曰："何以别之？"知占师曰："是为人毒，难可别知。试敕国中新生小儿皆送来，以一空罂[1]，使儿唾中。中有一儿唾罂即成火焰，知此儿是人蟒。"议曰："此不可着人间。"即徙置空隐无人之处，国中有应死者可送与之，蟒吐毒杀之。如是前后被毒所杀七万二千人。

有师子来出，震吼之声，四十里内，人物慑伏。所流暴害，莫能制御。于是王即募国中能却师子者与千金，封一县。无有应者。众臣白王："唯当有人蟒[2]能却之。"即敕吏往呼人蟒，遥见师子，径往住前，毒气吹师子即死，蟒烂消索，国致清宁。

后时人蟒年老得病，命将欲终。佛愍其罪重，一堕恶道无有出期，便告舍利弗："汝往劝之，使脱重殃。"舍利弗便往其家，神足来入忽然住前。人蟒隆怒，念曰："吾尚未没，为人所易。"无所关白，径来住人前。便放毒气，谓能为害。舍利弗以慈慧禳之，光颜益好一毛不动。三放毒气而无能害，即知其尊。意解善念生，便以慈心，上下七反观舍利弗，舍利弗便还精舍。吸气人蟒命终，当趣其日即天地大动。极善能动天地，极恶亦能动。

时摩竭王即诣佛所，稽首于地问世尊曰："人蟒命终，当趣何道？"佛言："今生第一天上。"王闻佛语，怪而更问佛言："大罪之人，何得生天？"佛言："以见舍利弗慈心七反，上下视之。因是功德生第一天，福尽当生第二天上。至七反以后，当得辟支佛[3]而般涅槃[4]。"王白佛言："七万二千人罪，不复偿耶？"佛言："末后作辟支佛时，身当如紫磨金。时当在道边树下坐，入定意时，有大军众七万余人过，见辟支佛谓是金人。即取斫破各分之，定堕手中，视之是肉，皆还聚置而去。辟支佛因是般涅槃。今世之罪，乃尔时薄偿便毕。"

佛告王："遇善知识者，山积之罪可得消灭，亦可得道。"佛说是时，王及大众，皆大欢喜，佛礼而去。

【注释】

[1] 罂（yīng）：古代大腹小口的酒器或容器。

[2] 蟒：此字原为古今皆无的异体字，根据文义改为此字。

[3] 辟支佛：大乘佛教把听闻佛陀说法成就佛果者，称为"声闻乘"；把独自悟道从而解脱生死之人称为"独觉乘"或"缘觉乘"，亦称辟支佛；把发大悲心的证悟者称"菩萨乘"。

[4] 般涅槃：指不再轮回，不生不灭的寂静境界。

【译文】

下血雨有人神出世的比喻故事

从前，有一天早晨，舍卫国下起了血红色的雨，波及方圆约四十里。国王波斯匿与大臣们十分不安，立即召来了许多精通地理、历史、自然的学者以及预测未知、占卜凶吉的相师寻找原因，推测这种奇怪现象是祸是福。相师对国王说："过去曾有记载：'天上下血雨是人间的灾难，带有剧毒的人蟒降生来毒害世间。'应该在国内找出灾祸之源。"国王说："怎么来辨别呢？"相师说："有这种剧毒的人蟒，难以查知。可以尝试把国内新生的小孩子都招来，用一个空的容器，让小孩往里吐唾沫。其中有一个小孩吐的唾沫到容器里后当即变成了火焰，那么就知道了这个孩子是有剧毒的人蟒。"大家商议道："这个孩子不能再留在人群聚集的地方了。"于是将他安置在空旷无人之处，凡是国内有犯了死罪的人都送到那里，这个人蟒就喷出剧毒把他们杀死。像这样前后被这人蟒所杀的有七万二千人。

当时有一只狮子出没，狮子吼叫之时，方圆四十里内的人和动物都会吓得趴在地上。其凶暴危害，没有人能制服。于是国王招募国人，有能除掉狮子的人赏给千金，分封一个县。但没有人来应召。大臣们对国王说："只有那位有剧毒的人蟒能胜任。"就派官员前去召来此人，他远远看见狮子后，径自来到狮子面前，喷吐毒气，狮子即刻死去，这人消除了危难，国家又恢复了往日的安定和宁静。

后来人蟒年老并且得了重病，生命将要终结。佛陀哀悯其罪业深重，一旦堕入地狱、饿鬼、畜生三恶道之中，就永无出头之日，便告诉弟子舍利弗："你去前往劝诫，使这异人脱离灾难。"舍利弗便前往人蟒家中，他运用神足通一下子就来到人蟒面前。人蟒极为震怒，心想："我还没死，谁也别想改变我。"二话没说，径自来到舍利弗的面前，喷毒气，以为能杀害舍利弗。舍利弗以佛陀的慈悲和智慧来抵挡，一毫不损，容颜更加焕发。人蟒连续三次喷出毒气都不能加害舍利弗，当即便知道舍利弗非同一般，位列尊者。恶意消解且善念萌生，便以慈悲之心，从头到脚上下七次仰观俯视舍利弗，舍利弗随后便回到佛寺。人蟒生命终结时，那天天地为之震动。这是因为大慈大悲的圣人去世能震动天地，极恶的神人死时也能使天地震动。

当时摩揭陀国王频婆娑罗来到佛陀的住所，五体投地礼佛后问佛陀："人蟒生命终结了，他应当转生到何处？"佛陀说："已经转生到欲界天上了。"国王频婆娑罗听了佛陀的话，感到很奇怪就又问佛陀说："这样罪孽深厚者，为什么能往生到天界？"佛陀说："因为他见到舍利弗后以慈悲之心连生七次，上下俯仰目视舍利弗。因为这样的功德往生到第一天欲界天上，福报结束后会往生到第二天色界天上。这样在欲界天和色界天七次以后，能证得独觉乘道果而进入永寂的境地。"国王不解地问佛陀说："那他杀害七万二千人的罪业，就不需要偿还了吗？"佛陀回答："他死后成为独觉乘道果的时候，身体如紫金一样闪闪发光。那时他正在路边的大树下打坐，进入禅定思维观想时，有军队七万二千人路过，看见他是以金子铸成的人。当即取来斧子破身分金，等他们拿到手中，一看才发现是肉，都把分到的肉放到一起后赶快离去。这位证得独觉乘道果的人因此进入永寂的境地。现世的罪业，在这时得到了偿还。"

佛陀告诉频婆娑罗国王："遇到佛教的高僧大德尊崇礼拜，深重如山的罪业可以得到消弭灭除，也可以证得佛果。"佛陀解说这些道理和教义时，国王以及劳苦大众，听后都皆大欢喜，礼拜佛陀后才离去。

【辨析】

精彩奇崛的场景，灵异瑰丽的想象，出人意表的构思，丰富深刻的喻理，是这篇比喻故事的显著特点。

首先，一连串场面描写，令人眼花缭乱、目不暇接。可以概括地归纳为：

> 血雨腥风惊国中，术士预测有玄机。
> 神异出世人初识，口吐唾液成火焰。
> 雄狮一吼人皆怵，遇神毒气命且休。
> 佛陀慈悲观神域，弟子施法有德归。
> 礼敬大德有福报，因缘殊胜成天人。
> 业力不消有果报，金身分给七万人。

其次，在对这些主要场面的描绘中，充满了人们闻所未闻的奇特想象，如"一旦雨血"、"人蟒毒害"、"唾罴成火"、"气吹狮死"、"身如紫金"等，给人留下难忘的印象。

此外，构思奇妙非凡，形象纷纭众多。既有人间的国王大臣、术士卜人、世间百姓、佛陀弟子，也有人蟒、狮子等神怪和动物。可谓：神灵异事尽成素材，天上人间皆为我用。

在故事的生动叙述中，既将人生是苦的喻理悄然隐喻其中，又将佛法之威力毕显无遗。此外，七万冤魂也暗喻帝王的暴虐。

三十九

鸟听经喻

【题解】

故事虽短，却意味深长。立意巧妙，旨在论心。说明收摄妄有之心，就能证悟法意的喻理。

【经文】

昔有沙门，坐在树下诵经。鸟来在树上听经，专心听经不左顾右视，为猎师所射杀。鸟临死时其心不乱，魂神[1]即生天上。自念生所从来根源，便识一世宿命。既生天已，来下散华在树下沙上。天人语道人曰："蒙道人诵经恩福故，得免此鸟身，得为天人。"道人闻鸟语，便得道迹，须臾忽然不现。天人还本所。

师曰："诸学道者，临欲寿终，心不乱者。所生不堕恶道苦痛之处，便识宿命，自所更来，故出经示后生也。"

【注释】

[1] 魂神：这里指业力中的意业。

【译文】

小鸟听经的比喻故事

从前有一位出家修行者，坐在树下念诵佛经。有一只小鸟飞到树上，十分专注地听出家人念经，目不斜视，后被猎人射死了。小鸟临死时心念专一，毫不散乱，意业随即往生到天界。知道了自己往生的前缘和宿命。他从天界采集了天花，来到人间把天花撒在树下修行的出家人身上。这位天神对出家人说："因为听了你在树下念诵佛经的福报，使我得以不再为鸟，成为天上的神人。"出家人听了前生是小鸟的天神的话语后，便证得佛果，须臾之间就消失了。天神便回到了天界。

法师说："修学佛理的人，在临终之时，心意不乱。往生时不会坠入遭受苦痛煎熬的地狱、饿鬼、畜生三恶道，能认识自己的归宿和命运，自己的未来，因此写出本经启示后来之人。"

【辨析】

这篇比喻故事讲述的是小鸟听经，凝神专注，心无旁骛，不料却遭猎人杀害，死后往生天界，成为天人。为了感恩，他来到人间向大树下诵经的出家人撒下天花。以鸟喻人，告诉信奉佛理的人，连小鸟专心听经都可以往生天界，更何况闻经修行佛理的人？借此比喻修行佛法，贵在修心；只要一心奉佛，心诚志笃，就可以免除坠入恶道，离苦得乐。

故事情节中的小鸟听经、往生天界、播撒天花谢恩的描写，都采用了拟人化的手法，使人鸟同修、人神相连，读来亲切自然，表达出一种万物和谐的意蕴。

四十

老公饮酒喻

【题解】

戒律不仅是佛教信奉者所要严格遵守的，对普通民众也具有很好的警示作用。本文以老翁戒酒的故事，说明佛教戒律有益于社会和谐，有益于个人身心和谐，能够促使人自律、自尊，进而自我改造、自我完善的喻理。

【经文】

昔佛在世时，出祇洹七里，有一老公健饮酒，弟子阿难往谏喻："今佛在此，宜当往见。"老公言："我闻佛在此，意欲往见佛，佛善授人五戒不得饮酒。我不得饮酒如小儿不得乳便当死，我不堪，是故不往也。"复行饮酒。饮酒醉暮便来归道中，脚拨掘株上便倒地，如大山崩举身皆痛。便自说言："斯痛何快乎？阿难常语我：'当至佛所。'我不肯随语，今身痛不可言。"便语家中大小言："吾欲至佛所。"家中闻之皆惊愕："公初不肯至佛所，今何缘欲往？"语已便往，在祇洹门外住。

时阿难见老公来，欢喜白佛言："去祇洹七里老公，已来在门外。"佛言："老公不能独来，五百白象勉来耳。"阿难白佛："无五百象，独来耳。"佛语阿难："五百白象在公身中。"于是阿难呼公，前为佛作礼白佛言："我久闻佛在此，愚痴所致，不早奉觐[1]。愿佛赦除我罪也。"佛问老公："积五百车薪着地，欲烧之尽，当用几车火能烧尽耶？"老公白佛："不用多火，用如豆许火烧，如弹指[2]顷便尽。"佛复问公："公着衣来几时？"公言："我着衣来一岁。"佛复问公："欲浣此衣去垢，当几岁能尽？"公言："得纯灰汁一斗浣，须臾便净。"佛语公："公之积罪，如五百车薪，复如一岁衣之垢，老公当从佛受持五戒。"于是佛说数百言经，豁然意解，即得阿惟越致[3]。

【注释】

[1] 奉觐（jìn）：指朝拜圣地、圣贤或君王。本文指拜见佛陀。

[2] 弹指：佛教的时间量词，比喻短暂的时光。

[3] 阿惟越致：指菩萨阶位，意为不退转。

【译文】

一位老年人饮酒的喻理

从前佛陀在世的时候，与佛陀修行的憍萨罗国舍相距卫城南祇园精舍相距七里外的地方，有一位老翁，嗜酒如命，佛弟子阿难前去劝诫："现在佛陀在离这里不远的地方，你应当前往拜见他。"老翁说："我听说佛陀在这里也想拜见他，佛陀以慈善之心教导人们遵守五戒，其中就有不得饮酒这一条。我不饮酒就如小孩儿没有乳汁便会饿死，我无法忍受，所以才没有前往。"就继续饮酒。一天，老翁酒醉后踏着月色走在回家的路上，一脚绊倒在路边的树根上，身体被撞击得犹如大山崩裂般疼痛。老翁便自言自语地说："这疼痛来得为何如此的快？阿难常劝我：'应当拜见佛陀。'我不肯听他的，致使今天全身疼痛不堪。"回到家后便对全家男女老少说："我要去拜见佛陀。"大家听了十分惊讶："他一直不肯拜见佛陀，今天为什么肯去了呢？"老翁说完后便前往佛陀的住所，等在祇园精舍的门外。

这时阿难看见老翁前来，高兴地对佛陀说："南祇园精舍七里外的老翁，现在已经来到门外等待接见。"佛陀说："老翁不能独自前来，是和五百头白象一起来。"阿难对佛陀说："没有五百头白象，只有他一个人。"佛陀对阿难说："五百头白象就在老翁的身体之中。"于是阿难就去叫他进来，老翁礼佛后对佛陀说："我久闻佛陀在这里传法，由于愚昧所致，未能早来拜见。愿佛陀消除我的罪业。"佛陀问老翁："如果有五百车木材，要烧尽它，应当用几车火种能烧尽？"老翁回答佛陀："不用多少火种，只要用如豆子一样大的火来烧，弹指之间就会燃烧殆尽。"佛陀又问老翁："你的衣服穿了有多长时间了？"老翁回答说："我的衣服穿了有一年了。"佛陀接着问老翁："你要洗掉这件衣服的尘垢，需要几年？"老翁回答说："用一斗碱水洗，须臾之间便干净了。"佛陀对老翁说："你所积累的罪业，犹如五百车木材，也如衣服上一年的尘垢，只要你接受佛门不杀生、不偷盗、不邪淫、不妄语、不饮酒的戒律，就可以顷刻之间消除罪业。"于是佛陀当场便为老翁解说了几百字的经文，老翁豁然开朗，随即证得了大乘菩萨果位。

【辨析】

老翁嗜酒难戒，一次醉后的摔倒，使他疼痛不堪而最终醒悟，从而皈依佛门，接受不杀生、不偷盗、不邪淫、不妄语、不饮酒的戒律。这个故事的内容和人物，来自日常生活，合情合理，读起来令人感到真实可信。

老翁是一位阅历丰富、思维敏捷、根基深厚的智者，他对佛陀仰慕已久，只是鉴于自己嗜酒如命，不能自已，一直没有前去拜佛。然而他酒醉后的一个跟斗却使他幡然醒悟，说明他是一位能够自觉领悟佛法的长者。他的醒悟，也验证了大乘佛教一念成佛的"顿悟"法门。细心的读者，也许注意到了一个细节，即佛言："老公不能独来，五百白象勉来耳。"在古代印度，白象是神圣的象征，佛陀说老翁身心之中有五百白象，比喻老翁福德深厚。因此，这也就是这位老人一旦领悟佛法的义理，就可以成就菩萨果位的原因。

故事中以一点火种，可燃五百车木材；一罐水，可洗尽陈年尘垢，比喻一旦领悟佛法，即可消除累积的罪业的道理。这样，极大地拉近了佛教和世俗之人的距离，暗含有一人传播佛理，众人可得光明的意蕴。也把菩萨普度众生的情怀寄寓其中，启人心智。

四十一

画中女成王后喻

【题解】

本篇以阿育王依画索人的故事，说明了佛教舍美色、得清净的
义理。

【经文】

昔佛涅槃后百年，有王名阿育[1]，大㤭奢作殿舍，纵广十里。
皆召诸小国画师，画师至，各随意画作种种形像。罽宾[2]北有一小
国最远，送一画师后到。观壁上屋表里尽画遍，唯有门颊边五尺未
画。复至仰观视诸物，不知复作何物。自念："我始来时过一小城，
城边有池，池有莲华，见有一女端正姝好，有相可中天下母。"思
惟已，便画作城池莲华及女像讫。

王至殿未入，便见此画，问："谁画此耶？"曰："后来画师。"
即问："汝见形作也，虚作也？"曰："见而作，非虚。"王问："汝
为如形像作，也为使好乎？"曰："不使好，如其形耳。"乃相知，
此女中天下母。便遣使者，索娉为皇后。使者受命迳往其国，见女
父母谓言："王索贤女为皇后。"女父曰："嫁当奈何。"便谓诣女
夫家语："王使我索此女，道远三年乃到。"云："卿已取王者至

尊，卿不宜惜也。"当时与王。此夫是优婆塞，自思念："人以财色危身，若不与者或能治人。"便以妇与使者，去还到白王。

王见大欢喜，即拜为皇后。得好华便悲啼，王问："何故啼？"后曰："王赦我罪，当说耳。"王曰："为说。"后曰："此正似我前夫香，以故啼耳。"王恚曰："汝为天下之母，故复念贫贱，汝是老妪当应治之。"旨遣使者，往录其故夫知为香不。若不香者，故当治之。使者往问其家人，家人曰："此贤者失妇已，便报父母，行作沙门得阿罗汉道。"使者诣佛国中语言："王欲见供养道人。"道人曰："我亦无所有，复见我为？"使白言："王欲供养道人。"

道人随使去到白王。王见道人，道人身香甚于莲华。王曰："此人以香涂身。"但作热汤浴之，香又更甚；复以缯其身，其身香转倍。王乃信之，问道人："何缘得香乃尔？愿见告示。"道人语王："吾前世时为婆罗门，行遥见人说经。我叉手[3]欢喜，一心称赞菩萨。兼以少香烧以供养，故令得福遂至道果。"

【注释】

[1] 阿育：即阿育王（约公元前304—前232年），是印度孔雀王朝的第三代君主，也是印度历史上最负盛名的君王。他前半生通过武力基本统一了印度全境，后来在全国推广佛教，促成了佛教的繁荣。

[2] 罽（jì）宾：即罽宾国。汉魏时西域国名，又作劫宾国、羯宾国等。唐代玄奘在《大唐西域记》中称为"迦湿弥罗"国。即今之克什米尔地区。

[3] 叉手：佛教指合掌，亦称合什，将两手相合于胸前，以表示对佛陀、神灵的虔诚和信仰，也是信众相互致意问候的礼节。叉手合什本是古代印度等地的礼法之一，印度人认为人的右手是神圣的，左手是不洁的，两手相合表示一个真实的自我。

【译文】

画中女成为王后的比喻故事

从前，在佛陀寂灭后一百多年，有一位国王名叫阿育王，他大兴土木建造宫殿，楼台亭榭绵延十里。他召来了属国的画家，让画家们各自在宫殿的墙壁随意画出各种山水人物形象。罽宾国的北面有一个小国家，离阿育王的宫殿路途最远，派来的画家是最后一位到达的。这位画家来到后看到墙壁上和屋里屋外都画满了，只有宫门旁边有五尺见方的地方还没画。他看来看去，不知道究竟画什么好。这位画家心想："我来时经过一座小城，城边有一个池塘，池中有莲花，看见有一位女子相貌端正美好，有这样的相貌可以选为国王的王后。"想了想，便画了一幅城外的池塘开着莲花以及在池边女子的画像。

国王到宫殿大门前，便看见了这幅画，就问："是谁画的这幅画？"随从说："是最后来的一位画家画的。"国王当即召见画家问："你是看见真人画的，还是自己虚构画的呢？"画家回答："是亲眼见到后画的，不是虚构的。"国王又问："你为这女子作画，对她加以美化了吗？"画家说："没有美化，真实形貌。"国王观其相貌知道，这位女子可以成为国母。便派遣使者，以聘娶她为王后。使者接受使命直接来到女子所在的国家，看见女子的父母后说："国王要娶你们的女儿为皇后。"女子的父亲说："已经许嫁给别人了，这如何是好？"便领着女子来到未婚夫的家里说："国王派使者要娶我的女儿，路途遥远三年才到达。"未婚夫听了对女子说："你已得到了无比尊贵的国王的聘娶，你不要怜惜我。"当时就同意让女子嫁给阿育王。这位未婚夫是一位在家修行的佛弟子，心想："财富和美色会给人招致杀身之祸，如果不同意就可能受到迫害。"便答应解除婚约，让使者领着女子去见阿育王。

阿育王见到女子后十分欢喜，随即封女子为王后。王后每次得到赏赐的美好鲜花便悲伤哭泣，阿育王问："为什么哭泣呢？"王后说："国王赦免我的罪过，我才敢说。"国王说："但说无妨。"王后说道："这花香好似我以前未婚夫的香味，所以哭泣。"阿育王听后愤怒地说："你现在身为天下之母，还思念贫贱之夫，你是卑贱的老女人应当受到惩罚。"就派遣使者，前往调查她以前的未婚夫是否身上散发花香。如果没有花香，就要治王后欺君之罪。使者前往问王后以前未婚夫的家人，他家的人说："这位年轻人失去未婚妻后，便辞别了父母，出家修行证得了阿罗汉果位。"阿育王的使者便来到佛寺中，对出家人说："阿育王要见你。"出家人说："我一无所有，见我干什么？"使者回答说："国王想供奉你这位得到罗汉果位的人。"出家人便随使者去见阿育王。

阿育王见到证得罗汉果位的出家人后，他身上的花香超过了莲花。阿育王说："这人是以香料涂抹了身体。"但用热水洗浴之后，他身上的花香更浓郁；又以丝棉织品擦他的身体，他身上的香味反而增加了数倍。阿育王这才相信，就问出家人："是什么因缘使你得到这样的香味呢？希望你告诉我。"出家人对阿育王说："我前生的时候是一位婆罗门僧侣，在出行时远远看见有僧人解说佛经。我便双手合掌礼敬，心中充满欢喜，一心称颂礼赞菩萨的大慈大悲。还烧香供养僧人，因此得到今天的福报证悟了阿罗汉果位。"

【辨析】

这篇比喻故事以阿育王为叙述中心，重点描述了两个事件：一是阿育王"因画得王后"、二是亲证"出家人身上散花香"。围绕这两个事件成功塑造了几个主要人物形象：

画家，这一形象刻画得最为突出，既突显了他精湛的画技，又表现了他的"纪实"精神，所谓艺术来源于生活，高于生活。这首先表现在他有一双慧眼，把一位风姿卓绝的女子，从民间引入到王宫。画家的艺术创作部分，以及他的创作方法都描写得十分到位。他先观察，再思考素材进行构思，最后落笔在自己路上遇到的一个场景。他的选材并不是孤立的，而是把环境"城外池塘"与"池中莲华"和"池旁少女"有机结合在一起，构成了碧水、红莲、美人这样一幅动静相宜、情景交融的图画。这里没有矫揉造作的风骚，没有刻意雕琢的美饰，正所谓"清水出芙蓉，天然去雕饰"。是"见而作，非虚"。且"不使好，如其形耳"。反映出作者美在真实、美在天然的审美情趣和创作主张。

阿育王，是古代印度历史上的一位真实的人物，也是在统一了五竺之后，大力推崇佛教的一位"圣王"。故事中的阿育王被画中美人所吸引，他在确认画中人不虚之后，就派人迎娶了女子，封为王后。但他的心胸狭窄、偏执，对他"念贫贱"、若不香"当治之"的记叙，既比喻了封建帝王的跋扈、凶残，也说明了女子包括所谓的"国母"依附于夫权的微贱地位。同时也揭示了女性被蹂躏、被压迫、被剥夺做人尊严的残酷现实。

故事中的女子又有画中和宫中两种不同的身份和两副面容。在画中她是一位美丽的少女，多情的恋人，这从她见花落泪的情节中，就可以使人想见；在王宫她是一位被夺去爱情的王后，只是一副美丽的躯壳。使人读后，感叹歔欷，不胜惋惜。

那位有着"身香"的出家人，因礼赞菩萨，供养僧人而获得了胜似莲花香气的福报。但在现实中，他却未能与他心爱的"美人"结成美满姻缘。在他身上，有着太多的无奈、压抑、痛苦，象征着一切在专制制度下喘息的百姓。反映出只有出家修行的人，才能脱离人间爱恨情仇的佛教喻理。

四十二

父子求金喻

【题解】

只看水中黄金，不见山上金矿，如同只见水中月亮，不看天上皓月的道理一样。故事以父子二人挖掘黄金的不同做法，阐发了修行如挖金，不能舍真求妄、不修戒行的喻理。

【经文】

昔有父子二人共居，入山斫林，泉水有黄金。子便归求父索分。言："我不用余物，物尽与父。惟与我车牛一具，米二斛[1]，荻斫[2]各一枚。"父不听之，数谏不止。父便与之言："汝莫复来归。"子便入山掘泉水中金，日日终不能得。

父便共相将往视之，观如是金，仰视山头边有金若山，影现水中。便上山以大木幢，堕金于地。父语儿："求之法当云何？但掘水，何时当得？"

子不晓求金者，唯人不持五戒。但逐听色声，人身岂复可还得也。父者，唯如黠之求金者，观如本末时。持佛五戒加行十善[3]生天，人身世世不失，后得佛道果。

【注释】

〔1〕斛（hú）：中国古代量器名，也是容量单位，一斛原为十斗，后来改为五斗。

〔2〕荻（dí）斫（zhuó）：荻，为多年生草本植物，茎可以编席箔做扫帚。斫，锄头，引申为用刀或斧砍。荻斫，本文指淘金用的簸箕和锄头。

〔3〕十善：指不杀生、不偷盗、不邪淫、不妄言、不绮语、不两舌、不恶口、不悭贪、不瞋恚、不邪见。

【译文】

父子二人挖掘金子的比喻故事

从前，有父子二人在一起生活，儿子到山中伐木时，发现泉水中有黄金。回去后就要求和父亲分家。儿子说："我不要其他财物，财物都留给父亲。只要给我牛车一辆，稻米十斗，簸箕和锄头各一个就行了。"父亲没有答应，几次劝说儿子都不听，父亲便生气地对儿子说："你不要再回家了。"儿子便离开家到山中挖掘泉水中的金子，每天不停地挖却没能得到金子。

父亲担心儿子便到山里去看他，他观察了水中的金子后，抬头望见山峰，发现旁边有座金山，山影倒映在水中。父亲便上山用大木桩撞击山体，金块便坠落到地上。父亲对儿子说："应当怎样找金子呢？只知道从水里挖掘，什么时候才能得到呢？"

儿子是不懂得寻找金子的人，就好比人不接受佛教不杀生、不偷盗、不邪淫、不妄语、不饮酒这五戒，追逐声色犬马的享受，后世就不会再到人间的道理一样。父亲，是寻找金子的聪明人，会观察事物了解因果关系。遵守佛门的五戒，并修行不杀生、不偷盗、不邪淫、不妄言、不绮语、不两舌、不恶口、不悭贪、不瞋恚、不

邪见这十善，来世就会到天界，这样的人世世代代不失人身，最后
证得佛果。

【辨析】

　　这篇故事巧妙运用对比的方法来表现人物，寄寓佛教教义。父
子二人寻找金子的方法不同，结果迥异。儿子只看表象，不明就
里。不能透过现象，寻找事物产生的原因，只顾埋头挖掘，结果是
一无所得；父亲能认真观察事物产生的原因，找到根源，然后采用
正确的方法，最终事半功倍，得到了金子。

　　因此，本文以儿子的行为比喻人的贪婪和愚痴，人们往往被一
时的享受和欲望所迷惑而饱受苦难，告诫世人不谙佛理智慧，最终
就会落入恶道之中。同理，父亲的行为，比喻佛教修行的禅观智
慧。说明佛门就是成就圣贤之门，持受五戒十善是往生到天界的金
光大道。此外，故事中的金子，也暗喻修行佛理，接受教义，才能
收获希望和财富，才能获得金子般宝贵的人生智慧。所以，这个故
事虽短，但喻义颇丰。富于迪启，发人深省。

四十三

帝释与梵天亲善喻

【题解】

以帝释天和梵天一起到人间教化，引导世人行善除恶，消免罪业的故事，说明了菩萨度脱众生，会巧用方便，随机教化的喻理。

【经文】

昔天帝与第七梵天[1]亲善，时梵天下至忉利天上共戏。释愁不乐，梵天问释："何以不乐？"释曰："卿见我天上人转希不，下方人无复作善者。皆入恶道中，无复生上者。天人下生人间转复不还，我故愁耳。"梵天语释："卿便死化，作一师子极令威势。我当化作婆罗门，共下到阎浮提[2]，教授天下使为善，为善死皆生天。"

便各随所化，下到一国，师子在城门中言："我欲得人噉。"国人见之无不惶怖，叩头求哀，终不肯去。化婆罗门语国人言："此师子恶与罪人，应死者三十人，自当去也。"王便出狱因应死者三十人与师子，师子得人，驱着前去到深山中，未噉之顷化天语诸人："卿等能持五戒念十善道，身、口、意相应者，此师子便不噉人。"诸人言："我等当死，此何足言能持耳。"便从化人受戒，师子便不噉。

师子言："置令去，虽尔我知汝心。若不持佛五戒者，我故当噉汝。"尔三十人还国，国人见皆惊。问曰："卿那得还耶？"答曰："有一人教我等受佛五戒，师子便不复噉我，故我得来归耳。"师子复住城门中，国人大惶怖，皆从三十人受五戒。师子便去，复到一国。如是周遍八万诸国，皆使为善。死者生天，天上更大乐丰盛饶人。

菩萨方便度人如是，自到作佛。佛语阿难："释天化师子者，我身是也。梵天化作婆罗门者，今迦叶是也。尔时助我化度天下人，使我得佛。我故与并坐，报尔时恩。"

【注释】

[1] 第七梵天：梵天是欲界六重天之上的色界四重天的初禅天，故称。

[2] 阎浮提：佛教指人类居住的地方。

【译文】

帝释天王和梵天友好的比喻故事

从前帝释天王与梵天王十分亲近友好。当时梵天王从色界天来到欲界忉利天宫，看见帝释天王愁眉不展，就问帝释天王说："为什么不高兴呢？"帝释天王说："您看我们天人，福德享尽后降生人间，如果在人间不修善积福，会堕入地狱、饿鬼、畜生三恶道，不再往生天界。天人降生到人间，不行善修福而不再回天界，我为此而忧愁。"梵天王对帝释天王说："你到人间教化众生，变成一只威猛的狮子。我变为婆罗门，和你一起到世间，教化人们行善修福，从而死后往生天界。"

两人各自化身后，来到人间的一个国家。变成狮子的帝释天王在城门口吼道："我想要吃人。"这个国家的人们看到后都十分恐惧，磕头哀求，都不肯去喂狮子。这时变成婆罗门的大梵天王便对人们说："这狮子憎恨罪恶之人，应该把监狱中的三十名死囚犯送出去，这样狮子就会自己离开了。"国王听了后就把监狱中的三十名死囚犯送给狮子。狮子得到人后就驱赶着他们来到深山之中，在未吃之前又变成一位天神告诉死囚们说："如果你们能够接受佛教的五戒和修行十善，使身、口、意三业清净，这头狮子便不会吃掉你们。"这些人听后说："我们都是应当死的人了，五戒十善又有何不能接受？"就跟随天神接受了佛教戒律，狮子便不再吃他们了。

狮子对他们说："虽然放你们回去，但我能察觉你们的心思。如果不遵守五戒十善，我还会吃掉你们。"这三十名死囚犯回到家园后，这个国家的人们看见他们都感到十分惊讶，便问："你们怎么会回来的？"这些人回答说："我们在深山受到了一位天神的教化，接受了佛教的五戒十善，狮子就不吃我们了，所以我们得以平安归来。"不久，狮子又来到城门口，这个国家的人都非常害怕，都跟随原来的三十名死囚接受了佛教的五戒。狮子便又离开了，帝释天王变成的狮子和梵天王变成的婆罗门又来到另一个国家进行教化。这样走遍了周边八万多个国家，受到教化的人们都修善积德。这样死后都能往生天界，享受更大的快乐和福报。

菩萨用各种方法化度众生的道理就是这样，直到人们都成就佛果。佛陀对阿难说："帝释天王化做的狮子，就是我的前生化身。梵天王变化的婆罗门，就是今天的迦叶。他当时帮助我教化度脱天下人，使我得以成佛。我所以常和迦叶同坐，就是报答他当时的恩德。"

【辨析】

这篇比喻故事以佛陀和弟子迦叶前世因缘为中心内容，详细地描述了两人在过去佛时期，到人间教化众生的情形。想象丰富，描写生动、细腻、具体，给读者以十分真切的感受，具有很强的感染力和感召力。

　　这种信仰世界的描绘，是建立在人的认识和心理感受基础之上的。故事中梵天王从色界天来到欲界忉利天宫，看见帝释天王愁眉不展，就问帝释天王说："为什么不高兴呢？"这一个场景，完全是友人之间彼此关心的真实写照，并在这种朋友的关切里体现出天神们护佑佛法，心系众生的喻理。这样也在叙述中，不知不觉地打破了人间和天界的界限，完成了天神、人间狮子等不同教化身份的转换。

　　故事中的帝释天王，喻指佛陀的前生；梵天王，喻指佛弟子迦叶。变化成的狮子，比喻一种方便；婆罗门比喻出家修行的人。狮子的"威势"，喻指惊醒世人的"法音"；三十名死囚，喻指世人至死愚昧的可悲；死囚皈依佛法后的死里逃生，则喻指菩萨"方便度人"的大慈大悲；而"五戒"则喻指为免除一切罪业，往生天界的"天梯"。

　　故事还极为自然地表现了知恩图报的社会伦理，这就对人们接受佛陀教义，产生了一种间接促进的助缘。

四十四

王梦焚女喻

【题解】

本文表现的是佛教与婆罗门教之间的较量。作者运用欲擒故纵
的手法，写信奉佛理的七公主以其过人的智慧战胜了阴险残忍的婆
罗门修行者，揭示了婆罗门教的虚伪，烘托出佛法的深入人心以及
佛教必定代替婆罗门教的喻理。

【经文】

昔迦叶佛[1]时，有王名拘旬尼[2]，为佛建立精舍满事之。王第
七女前事梵志[3]，后信事佛。梵志恶之，字为僧婢。

王有十梦怪而问之，梵志思梦，欲陷此女，语王言："得最爱
女焚烧，祠天乃吉。"王甚不乐，女问王曰："何以不乐？"王说如
是。女曰："烧吉者，我分当之。"问："几日当祠？"梵志言："后
七日。"

女白王："虽当死愿听诣佛所，使城南人尽送我出。"便敕送
之，女将至佛所，说法尽得见法。日一方送，城四方面人悉见谛，
复求在城中人送亦如是。六日，求王及宫中官属送之，佛为说法，
悉皆见谛。

王乃知梵志欺诈，语梵志："汝几误杀我女，汝不为佛作沙门，当出国去。"梵志不知所至，不得已悉诣佛作沙门，后得阿罗汉果。

【注释】

[1] 迦叶佛：意译为隐光佛，称大迦叶。即过去七佛的第六位，骑一头狮子，十分威严。降生于释迦牟尼佛之前，是佛陀的前世之师。藏传佛教认为佛陀前尚有过去七佛即：毗婆尸佛、尸弃佛、毗舍婆佛、惧留孙佛、俱那含牟尼佛、迦叶佛、燃灯佛。汉传佛教认为过去佛指燃灯佛，释迦牟尼佛为现世佛，弥勒佛为未来佛。

[2] 拘旬尼：国王的名字，其国不详。

[3] 梵志：指婆罗门教资深的修行者。佛教创立以后，也把一切其他宗教的出家人称为梵志。

【译文】

国王做噩梦后要烧死女儿的比喻故事

从前在迦叶佛时期，有一位国王名叫拘旬尼，他为佛建了多座精舍修行。国王第七个儿女原来信奉婆罗门教，后来改为信奉佛法。婆罗门知道七公主信奉佛法后非常恨她，称她为佛教僧人的女仆。

一天晚上，国王做了十个怪梦，就请婆罗门前来解梦，婆罗门想借机陷害七公主，就对国王说："只有把你最爱的女儿焚烧，来祭祀天神才可逢凶化吉。"国王听后闷闷不乐。七公主问父王说："您为何忧心忡忡呢？"国王只好把婆罗门的话告诉七公主。女儿听后说："如果以我祭天能带来吉祥，我愿替您解除忧愁。"又问道："什么时候祭祀呢？"国王讲婆罗门说："七天之后最好。"

七公主对父王说："虽然我要赴死，但仍想去佛哪里聆听说法，让城南的人们全都送我同去。"国王便下令城南的人，随同女儿前往佛的精舍听佛法，七公主听后证得了真谛，且随她去的城南百姓也都证悟了真谛。七公主让父王下令，每天分别由城中、城东、城西、城北的人送她前往听法，使全城百姓都接受了佛法。第六天，七公主请求父王及宫中大臣陪同她前往精舍，佛为他们解说佛法，都领悟了佛教的真谛。

这时国王也认识到了婆罗门的险恶用心，对婆罗门说："你差点儿让我犯下大错杀害女儿，你如果不到佛那里出家修行，就离开我的国家。"婆罗门无处可去，迫不得已只好求佛，出家修行了，最后证得了阿罗汉果位。

【辨析】

这是一篇以国王的女儿、信奉佛教的七公主为中心人物的比喻故事。通过七公主和婆罗门教僧侣的斗智斗勇，十分成功地塑造了一位光彩照人的女性形象。

故事从一开始，就把七公主置于矛盾的焦点之中，婆罗门梵志的狡诈和阴险，已经把她放在为国祈福、禳灾化吉的祭坛上，成为不能不令众人瞩目的"赴死之星"。不仅这一构思别出心裁，作者对情节也进行了精巧的设计和安排。当七公主在知道了婆罗门要求父王在七天后进行祭祀后，就请求父亲为她的赴死进行安排，满足她最后的心愿。这一情节，既出人意料，同时也在情理之中。

试想：当人们知道国王最喜爱的女儿要被高高地放在祭坛上焚烧的消息，即便是出于好奇心，也会想去观看这样的"奇观"。这并非出于人的残酷无情，恰恰从中反映了作者对婆罗门教的强烈批判和控诉，且这种所谓祭祀天神的大典，是在国家的名义下进行的。作者巧妙地运用了数字和方位的组合，把七天之期，按照城南、城北、城东、城西和城中各一天依次安排，再加上国王和群臣，一共是六天时间。在这六天中，大家都要陪七公主到佛寺听佛法。这样一来，举国之中，无人不去佛寺，无人不闻佛法。同时把佛教反对婆罗门祭祀天神的主张和盘托出，因为神祇在佛教看来，只不过是护法而已；也让佛教众生平等、珍爱生命、反对杀生的教义彰显于世。不仅使七公主转危为安的结局显得合乎情理，也把佛教教义传遍四方。

因此，七公主的形象起到了"一花引得万花开，一人信佛举国随"的作用。同时婆罗门的阴险、七公主的光明正大也在这种对比中毕显无遗。

故事还寄寓着深刻的喻理：梵志，比喻婆罗门教的虚伪和凶残，隐含神权对古代印度国家的控制，以及佛教对手的强大。婆罗门最后不得已信奉佛教则昭示着佛教普度一切众生的喻理；国王，比喻统治者的愚昧，隐含着王权对神权的妥协，以及封建统治者的残酷无情；七公主的赴死，比喻佛教的献身精神，隐含社会的不公和对女性的迫害，以及佛教珍爱生命、众生平等的基本教义，她的化险为夷表明佛教不可思议的教化力量和无量功德。

四十五

猘 狗 喻

【题解】

以下六篇是《大正藏》本缘部中单篇（各一卷）的比喻经，依目次收入本书。

本经译者为三国东吴（229—280）月支国支谦。月支国，即大月支，原为居于我国甘肃的一个少数游牧民族，公元前二世纪为匈奴所败，西迁中亚后建立了大月支王国。支谦，出生于大月支，三国时佛经翻译家，又名支越，生卒年不详（约三世纪）。东汉末，迁居吴地。因博学聪慧，时人称为"智囊"。译出佛经《大阿弥陀经》等八十八部，一百一十八卷，其翻译以大乘中观"般若性空"为主，是继安世高、支谶之后的又一位译经大师。

《佛说猘狗经》结尾明确表示为佛陀所作。这篇故事以不识主人之疯狗，比喻出家修行者中"嫉妒其师"的人，阐发了尊师重教的喻理。

【经文】

佛在罗阅祇耆阇崛山[1]中，月十五日说戒。时阿难长跪白佛言："今佛为一切救，开化五道童蒙盲冥者[2]，使脱恶道。佛般泥洹后，留舍利、十二部经[3]于世间，当令诸弟子持佛威神，传佛经戒，开度人民，授其戒法，使人供养，是为如佛无异。"佛言："若有人，从我弟子受戒，而有还嫉妒其师者，是人当从恶道中来。"阿难问佛："何谓恶道？"

佛语阿难："过去佛时，有猭狗[4]还啮[5]其主。前佛慈哀，咒愿猭狗，猭狗见佛威神即欢喜，是狗今在泥犁[6]中罪未毕。佛般泥洹[7]后罪毕，用前欢喜故，更生入人道中，从我弟子受戒，正当从作猭狗时主受戒，狗有宿识故，还啮大家。"佛言："若有人，从师受戒，还诽谤说师恶者，言非我行者，如是为如猭狗还啮其主。诽谤道师恶者，宿命本是狗也。"阿难问佛："狗罪毕，入人道。何以故复还啮故大家耶？"

佛语阿难："是狗得入人道，持佛戒法，有所教授，贪利供养，愚痴不解，便行谤说师故，堕五逆[8]恶处。"

佛语阿难："谛听，佛当具为汝说之。"阿难言："诺，受教。"佛言："有人持佛法戒行，教人事佛，令入泥犁中者。"阿难惊起，长跪问佛："云何教人当令得佛道，何故更入泥犁中？"

佛语阿难："汝信佛语不？"阿难言："信佛语。"佛言："汝信佛语，何故闻人受戒当入泥犁中，惊为？若人不入泥犁，佛语为妄？"阿难更起作礼，头面着地，绕佛三匝，还接佛足，长跪问佛："阿难不解，未知人根。愿佛解之，教人入泥犁意。"

佛语阿难："后末世时，有弟子作师，惰懒不能勤学，无有智慧；贪秽欲，得人供养钱财、谷、帛，持用自活；不精佛法，阿谀随人，见人贪杀，不与杀戒；见人嗜酒，不断酒，多少可饮；人行授人戒法，言多少当得钱物作福；但欲得人物，是为卖戒令人方；更有慢不精戒者，便犯众粗杀生。如是教者，持人着泥犁中。用负佛明教故，令护佛道神得其短，便为恶鬼所病罪重，或能至死偿罪，即入泥犁中。"阿难问佛："新发意者，偶值恶师，不晓了，谓法当尔，至使信受其言，愚痴不解故。"阿难问佛："更见明师，为可复重受戒不?"

佛语阿难:"于我法中旷大,极可得悔更自湔洗。初发意时,心常矇冥,为恶师所误,实自不知。更行受戒,始为入法。不知不晓时,非佛弟子,是为世间小善人耳,无大功德。"阿难闻佛所说,欢喜作礼。

佛说猘狗经。

【注释】

[1] 罗阅祇耆阇崛(qíshéjué)山:罗阅祇,梵文音译,即北印摩揭陀国,都城王舍城。耆阇崛,梵文音译,意译为灵鹫山、灵山。位于中印度摩揭陀国首都王舍城东北侧,为著名的佛陀说法之地。以山顶巨石形状类于鹫鸟而得名,还有说因山上栖有众多鹫鸟,故称。摩揭陀国频婆娑罗王曾在此大兴土木,今有石阶自山腰至山顶。山顶有佛陀昔日说法台,仅存红砖墙基。还有佛教古迹多处,如提婆达多投石击佛处、佛陀与舍利弗等入定之石室、阿难遭受魔王扰乱之处等。玄奘《大唐西域记》卷九对此山有记载。

[2] 五道童矇(méng)盲冥者:五道即五趣,意为众生往生的地狱、饿鬼、畜生、人、天这五种去处。童矇,即日光不明。盲冥者,指处在茫然不知黑暗之中的人们。

[3] 舍利、十二部经:舍利即舍利子。原指佛陀圆寂火化后留下的遗骨和结晶体,中文叫灵骨。后来也指高僧火化的灵骨。其形状多样,被佛弟子视为圣物。十二部经,参见本书导言。

[4] 猘(zhì)狗:指疯狗。

[5] 啮(niè):咬。亦指啮齿动物。

[6] 泥犁:即地狱。

[7] 般泥洹:即涅槃、寂灭。

[8] 五逆:佛教指五种极恶行为。又名五逆罪、五无间业、五不救罪。即杀父、杀母、杀阿罗汉、出佛身血、破和合僧(意为破

坏僧人之间的和谐关系)。

【译文】

佛陀所讲的疯狗的比喻故事

佛陀在北印摩揭陀国灵鹫山中，每月十五日解说戒律。这时阿难跪拜后问佛陀："今天佛陀为救一切众生，开示教化在地狱、饿鬼、畜生、人、天这五道中黑暗不知光明之中的人们，使他们脱离恶道。佛寂灭后，留下舍利、十二部经于人间，应当让弟子们持守佛陀的神威，传承佛经戒律，开示度脱人民的苦难，传授戒法，使人供奉信仰，这样就如同佛陀在世一样。"佛陀回答说："如果有人，随从我的弟子们接受戒律，但仍有嫉妒他师父的人，这样的人是从罪恶道路中过来的人。"阿难问佛陀："什么是恶道呢？"

佛陀对阿难说："在过去佛的时候，有一条疯狗反过来咬它的主人。前世佛慈悲哀悯，用咒语祈愿疯狗，疯狗看见前世佛的神威随即心生欢喜，这条狗今天还在地狱中，罪业还未结束。佛陀寂灭后罪业才结束，这是由于听了前世佛的咒语心生欢喜的缘故，就可以往生到人间，跟随我的弟子们接受戒律，正好跟随的是做疯狗时的主人。这狗因为有认知前缘的缘故，还会咬伤害大家。"佛陀又说："如果有人随从师父受戒，还对师父进行诽谤说他坏话，说这不是我要跟随修行的人，这就如同疯狗还咬主人一样。诽谤师父者的这种恶业，是由于前世原本是疯狗。"阿难问佛陀："狗的罪业了结后，转生到人中，为什么还会咬大家呢？"

佛陀对阿难说："这狗虽成为了人，接受佛法，有所教化，但贪图利益和供养，愚昧不解佛理，便诽谤师父说他坏话，于是堕入地狱、饿鬼、畜生、人、天这五种去处。"

佛陀对阿难说："认真听，我应当为你们说。"阿难回答：

"好，接受教诲。"佛陀说："有人持守佛法依戒律修行，教化人们信奉佛理，会堕入地狱之中。"阿难听后惊讶地从座位起身，跪拜后问佛陀："教化人们信佛应当得佛果，为什么还会堕入地狱呢？"

佛陀对阿难说："你信佛陀的话不？"阿难回答说："信佛陀的话。"佛陀说："你信佛陀的话，为什么听到人持受戒律应当堕入地狱中，而为之震惊？如果人不入地狱，我所说的是妄语？"阿难再次起身五体投地拜佛，绕佛陀三圈，又拜在佛陀脚下，跪着问佛陀："阿难不了解，不知道这样人的本性。祈愿佛陀解说，明示使人堕入地狱的义理。"

佛陀对阿难说："佛陀灭寂一千五百年后，有佛弟子作法师，自己惰懒不勤学佛法。没有智慧，贪欲污秽，得到供养的钱财、稻谷、衣帛，用来自己享受；不精进佛法，阿谀奉承于人，看见有人贪图私欲杀生，不去讲解不能杀生的戒律；看见有人嗜酒如命，不去劝其戒酒，反任其饮酒；对出家人讲授戒法，说金钱和财物都应当得到一些用作享福；只想得到他人的财物，因此违反戒律给人方便；更有人不精勤修行戒律，犯重戒杀生。如此进行教化的人，会堕入地狱中。这是由于违反了佛陀明确教诲的缘故，使守护佛法的神灵得其恶业，便为恶鬼所侵扰罪业深重，只能在死后偿清罪业，随即堕入地狱中。"阿难又问佛："新发心修行佛理的人，如果遇到有恶业的师父，不明了佛理，认为佛法就是如此，乃至相信接受，这是由于愚昧不了解的缘故。"阿难又接着问佛陀："如果以后遇见明了佛法的师父，可以重新接受戒律不？"

佛陀对阿难说："我的法理博大精深，完全可以悔悟后使自己洗掉前面的污浊。在刚发心修行时，心中常会迷惑不解，为有恶业的师父所误导，自己确实是不知。只要重新修行戒法，开始接受佛法。在不知晓佛教义理时，还不是佛弟子，只是人世间有善行的人，没有大功德。"阿难听了佛陀所接说的义理后，内心欢喜再次礼拜佛陀。

《佛说猘狗经》就是这样。

【辨析】

道风的低下，人心的险恶，非亲历者绝写不出这样令人咋舌的故事。实际上，在佛教史上，不乏这样的事例。如南北朝时期的中国佛教一代宗师慧思，出家修行三十载，亲身经历了来自佛教内部的打击和暗算。在其三十四岁时，"恶比丘以恶毒药令慧思食"。以后又在三十九岁、四十二岁、四十三岁时，分别被"诸法师"、"众恶论师"加害。如此几次三番欲置其于死地，而且在不同的地点、时间，由不同的僧人下毒手，其中既有"恶徒"，也有"恶师"。本经中佛陀所说，在以后"有人持佛法戒行，教人事佛，令入泥犁中者"，看来确实如此。因此，慧思传世的《立誓愿文》，是对当时佛教内部颓势的预感，是从心底发出的振兴佛法的呐喊，是佛教中国化进程中的一次洗礼。反映了南北朝时期政权更迭，时局混乱，佛门良莠不齐，教法无序的时代特征。

"猘狗"比喻受惠佛法，反而以恶报德的"恶徒"。由于"恶徒"的罪业深重，日后又会成为误人子弟的"恶师"。说明佛教一度衰落，这种衰落来自佛教内部戒律的松弛，反映了佛陀灭寂后，佛教要"以律为师"的深刻喻理。

四十六

群 牛 喻

【题解】

《佛说群牛譬经》，明示是佛陀所解说的经典。西晋（265—317）沙门法炬译。法炬，西晋末年的佛教高僧。永嘉二年（308）法炬参与了竺法护翻译的《普曜经》，为笔录者之一。此外还译有《法句譬喻经》等。

本篇以驴入牛群终究为驴为喻，比喻出家修行者虽身在佛门，如不能勤修实证，严守戒法，则不会从根本上改变而成为真正的佛弟子。

【经文】

闻如是[1]：

一时婆伽婆[2]，在舍卫城祇树给孤独园[3]。

尔时世尊[4]，告诸比丘[5]："譬如群牛，志性调良。所至到处，择软草食，饮清凉水。时有一驴，便作是念：'此诸群牛，志性调良。所至到处，择软草食。饮清凉水。我今亦可效，彼择软草食，饮清凉水。'时彼驴入群牛中。前脚跑土，触娆彼群牛。亦效群牛鸣吼，然不能改其声。'我亦是牛，我亦是牛。'然彼群牛，以角抵杀，而舍之去。

"此亦如是：若有一比丘，不精进修恶法，非沙门言：'是沙门不修梵行。'言修梵行，亦不多闻，邪见威仪不具足。行步来往，屈申、俯仰，不解着衣持钵。不能延得衣被、食饮、床、卧具，病瘦医药。彼若见比丘精进修善法，于沙门中，成沙门行；修梵行，多闻博学，而修善法；威仪悉善，行步来往，屈申俯仰，着衣持钵，不失礼节。得衣被、饮食、床、卧具，病瘦医药。

"时恶行比丘，便作是念：'此众多比丘，精进修善法，于沙门成沙门行，于梵行成梵行；威仪具足，行步来往，屈申、俯仰，着衣持钵，皆悉备具。是得衣被、饮食、床卧，具病瘦医药。皆已备具，我今可入彼众中。我亦当得衣被、饮食、床卧，具病瘦医药。'

"时恶比丘修恶法，无沙门行，言：'是沙门。'无梵行言修梵行，少闻有诸恶见。便入彼众多精进比丘所，欲效彼威仪礼节。行步来往，屈申俯仰，着衣持钵。如彼微妙比丘，精进修善法，行步来往，屈申俯仰，着衣持钵。便作是言：'我是沙门，我是沙门。'时微妙比丘，皆悉证知：此比丘，不精进言精进，非沙门言是沙门；不修梵行言修梵行，不多闻有诸邪见。时诸微妙比丘，便摈出界外。'汝速出去，莫住我众。'譬如彼群牛，志性调良，驱出彼驴。

"是故诸比丘，非沙门行，非婆罗门行，当舍离之。诸沙门善行，及婆罗门善行，当善讽诵持。如是诸比丘，当作是学。"

尔时诸比丘，闻佛所说，欢喜奉行。

【注释】

[1] 闻如是：我听到佛陀是这样讲的。闻，为"我闻"的省略。我闻，又指坚信佛陀的立场，表明闻教奉行。如是，指佛陀的言论和行为，也是经典的内容，又指自己闻法而言。闻如是，这是汉译佛典早期的一种译法，到了后来汉译佛教经典的固定用法，即

"我闻如是"的倒置形式"如是我闻"。这种倒装形式是有意蕴的，即先表明了自己闻法而信的信仰，再说听到的内容。如是我闻，从此就成为汉译佛教经典开始的用语。

〔2〕一时婆伽婆：一时，在某一时间。婆伽婆，梵文音译。《佛地论》认为有六种含义：自在、炽盛、端严、名称、吉祥、尊贵，是对佛陀功德的赞颂。

〔3〕祇树给孤独园：即祇园，又称祇园精舍。祇树，是舍卫国太子祇陀的林园，故简称为祇树或祇林。给孤独，是舍卫国的一位富商和长者，因其乐善好施，哀恤孤独且扶危济困，故被人尊称为给孤独。他后来皈依了佛教，并花重金买下了祇林，建精舍献给了佛陀，因此称为祇树给孤独园。

〔4〕世尊：本意是受世人尊敬的人，佛教建立以后，成为佛陀的尊称。梵文和巴利文中，指具备福德的人。在古印度典籍《吠陀》和大史诗中，是弟子对老师的尊称。被佛教借用后，具有了神圣的宗教意义，成为对具有一切功德、利益一切众生、广被世人尊敬的释迦牟尼佛的专称。

〔5〕比丘：梵语意为乞食者，旧译为乞士。婆罗门教中，把处于人生第四期，即云游四方的遁世期的修行者称为比丘，或行者、游行者。佛教兴起初期，印度各派宗教都把托钵行乞的修行者称为比丘，佛教戒律体系确立后，则专指出家得度受过具足戒、年满二十岁的男性出家人。

【译文】

驴混入牛群的比喻故事

我曾亲自聆听了佛陀的教诲。

在那个时候，庄严尊贵的佛，住在舍卫国一座由给孤独长老买下并献给佛的、在先前王子的林园中建造的祇园精舍里。

这时，佛陀告诫弟子们说："比如有一群牛，性情温和。四处采食柔嫩的青草，饮用清净的水。这时有一头驴，心想：'这一群牛，性情温和。到处选择柔嫩的青草采食，清净的水饮用。今天我也可以仿效它们，选择柔嫩的青草采食，清净的水饮用。'这时驴进入牛群中，它用前蹄子刨土，用头接触牛群的头。驴还仿效牛群发出鸣叫声。虽然这样，却仍然不能改变驴叫的声音。尽管驴叫着'我也是牛，我也是牛。'然而这一群牛，还是以牛角抵挡这头驴，最终弃它而去。

"同样的道理：有一位出家人，不精进修行，恶行不改，诽谤修行者说：'那些修行的人不修僧人的律仪。'说是修行律仪，却不能博学多闻，有邪恶的见解而不具备僧人的威仪。步行往来，屈膝弯腰、低头仰首，不知道怎样穿袈裟和托钵。得不到日常生活所需的衣服被褥、饮食、床榻等卧具，病了以后也没有药医。他看见有的出家人精进修行佛法，成就修持和戒行；博学多闻，而且修行佛法善行；具备了僧人的威仪，步行往来，不屈膝弯腰、低头仰首，穿袈裟和托钵不失礼节。能够得到日常生活所需的衣服被褥、饮食、床榻等卧具，得了病有药医。

"这时作恶的出家人便心想：'这些人数众多的出家人，精进修行善法，作为修行者成就了戒行，修习佛理成就了博学多闻；具备了僧人行、立、坐、卧的四威仪，步行往来，穿着袈裟，手中托钵，一切都已经具备。得到了日常生活所需的衣服被褥、饮食、床榻等卧具，病了有药医。这些都一应俱全，我今天也可以进入到僧众之中，也应当得到衣服被褥、饮食、床榻等卧具，病了有药医。'

"这时作恶的出家人以邪恶的见解，没有修持行戒，却说：'我是出家修行者。'没有修习佛理却说修习了佛理，孤陋寡闻有诸多邪恶的见解。来到僧众们精进修行的寺庙，要仿效僧人的威仪和礼节。步行往来，不屈膝弯腰、低头仰首，穿袈裟和托钵不失礼节。

如这些行善的出家人，精进修行佛法，步行往来，不屈膝弯腰、低头仰首，穿袈裟和托钵。便这样说：'我是出家修行者，我是出家修行者。'这时行善的出家人，心里都知道：这个所谓的出家人，不精进修行却说自己精进修行，不是出家修行者却说是出家修行者；不修戒行却说自己修戒行，不博学多闻反而有各种邪恶的见解。这时僧人们便把他赶出寺庙。说：'你快出去，不要在我们僧众中。'就如性情温良的群牛，把驴驱逐出去一样。

"因此，佛弟子们，不是出家修行的人，不是婆罗门修行者，应当让他离开。出家人要修善行，婆罗门修行者也要修善行，应当善于修学。佛弟子们，应当亲修实证。"

这时，僧人们听了佛陀所说的义理后，都十分欢喜，修习奉行。

【辨析】

这篇比喻故事是佛陀针对出家修行者中那些不能持戒修行，却想混在僧众中，贪图供养的人而言的。对此，佛陀的立场十分鲜明：请他离开僧众，不要坏了寺庙的清净。作者采用了由"驴想"到"行恶僧想"的叙述方式展开情节，给人以耳目一新的感受。

故事以驴比喻恶僧，以"驴想"比喻"行恶僧想"；以牛群比喻僧众，牛的"志性调良"比喻出家修行者的"威仪"；以"驴叫"比喻外道的异端邪说，"我是沙门，我是沙门"的叫喊，比喻当时"六师外道"皆以出家修行者的身份招摇过市。也暗喻有出于各种原因出家的人，混入寺庙之中，说明当时僧团鱼龙混杂的状况。

本篇的成功之处还在于巧妙地运用了双重对比手法，由"牛"与"驴"的对比，过渡到"恶僧"与"善僧"的对比；以"牛性"的温顺与"驴性"的顽劣进行对比，再到"僧行"的自律威仪与"人性"的贪婪进行对比。孰优孰劣，一目了然。

　　初读本经，会令人感到佛陀在讲"牛"与"驴"的故事时，简洁清楚，在讲述出家人的"劣迹"时，显得杂沓、重复，但只要耐心细读就会看出差别，毕竟本经所针对的是出家修行者，而非世俗之人。有关"恶僧"的这一部分，分为三个层次，针对三个方面：一是谈恶僧诽谤僧众；二是剖析恶僧的心理；三是描述恶僧的行为。最后表明佛陀的态度，不可谓不细致缜密。

四十七

大鱼事喻

【题解】

《佛说大鱼事经》，东晋（316—420）天竺三藏竺昙无兰译。竺昙无兰，来自印度（亦有说为西域人）的高僧，精通佛教经、律、论，孝武帝时译经一百一十部，合一百一十二卷（见《大唐内典录》）。

本文以水中鱼因贪图诱饵而被渔夫捕获的故事，比喻出家人被欲望所牵，不能自已，从而失去根本。阐发了守护身、口、意三业，持律守戒的喻理。

【经文】

闻如是：

一时，婆伽婆在舍卫城，祇树给孤独园。

尔时世尊，告诸比丘："往昔时，有一水饶诸大鱼。尔时大鱼救小鱼曰：'汝等莫离此间，往他处所，备为恶人所得。'尔时小鱼，不从大鱼教，便往至他处所。

"尔时鱼师，以饭网罗线捕诸鱼。诸小鱼见，便趣大鱼处所。尔时大鱼见小鱼来，便问小鱼曰：'汝等莫离此间，往至他所。'尔时小鱼，便答大鱼曰：'我等向者，以至他所来。'大鱼便敕小鱼曰：'汝等至他所，不为罗网取捕耶？'小鱼答大鱼曰：'我等至彼，不为人所捕。'然遥见长线寻我后，大鱼便语小鱼曰：'汝等以为所害。所以然者？汝所遥见线，寻后来者。昔先祖父母，尽为此线所害。汝今必为所害，汝非我儿。'

"尔时小鱼，尽为鱼师所捕，举著岸上。如是小鱼大鱼有死者，此亦如是。

"或有一比丘，在他聚落游行，著衣持钵，周行乞食。福度众生，不守护身，不守护口、意，不具足诸根，意不专一。即于彼村落乞食，时见诸女人端正无双，色犹桃华。见已便起淫心。以此淫心，身、口、意炽然。彼以身、口、意炽然。

"即于村落乞食，还所止处，故发欲想。便往尊比丘所，以此因缘，具向诸比丘说。诸尊大比丘，告此比丘言：'汝起淫想，此不为净。汝比丘当恶露观[1]。'尊大比丘，语复至再三。尔时彼比丘，身、口、意炽盛。

"复至彼村落乞食，遥见女人端正无比，色犹桃华。见已便起淫心，以此淫心，身、口、意、炽然。彼以身、口、意炽然故。即于彼村落乞食已，还所止处。往尊大比丘所，以此因缘，具向诸比丘说。彼尊比丘告此比丘言：'汝往非我众中比丘。'

"尔时此比丘不舍禁戒，便著俗服，乐爱欲中。是谓比丘魔得其便，随波旬[2]所欲。亦不脱生、老、病、死，愁忧苦恼。

"如是诸比丘利养具。甚为难，甚为苦，甚为恐畏堕入恶趣，不生无上处。是故诸比丘，当作是学，已得利养当舍离之，未得利养不起贪意。如是诸比丘，当作是学。"

尔时诸比丘闻佛所说，欢喜奉行。

大鱼事经。

【注释】

［1］恶露观：佛教中以观想女子身体的种种不洁之处，产生厌恶从而远离的禅观方法。

［2］波旬：即魔王波旬，为欲界第六天的天主。佛陀寂灭后，由于波旬常引人入歧途，故被称为魔王。

【译文】

大鱼告诫小鱼的比喻故事

我曾亲自聆听了佛陀的教诲。

在那个时候，庄严尊贵的佛，住在舍卫国一座由给孤独长老买下并献给佛的、在先前王子的林园中建造的祇园精舍里。

这时，佛陀告诫弟子们说："从前，在一个水塘中有一条大鱼。当时大鱼就教诲小鱼说：'你们不要离开这里去往其他地方，要防备为恶人所捕获。'这时小鱼不听从大鱼的教诲，便往其他地方游去。

"这时有一位渔夫，做好食饵准备撒网捕鱼。小鱼们看见，便来到了大鱼身边。这时大鱼见小鱼来了，便对小鱼说：'你们不要离开这里到其他地方去。'这时小鱼便回答大鱼说：'我们一向都是这样，都是从其他地方来的。'大鱼便教诲小鱼说：'你们到其他地方，就不怕被罗网捕获吗？'小鱼回答大鱼说：'我们到其他地方，不会被人所捕获。'然而大鱼远远看见钓鱼的长线后，就对小鱼说：'你们会被伤害。为什么呢？你们所远远看见的是长线，寻捕你们的大网就在后面。从前你们的祖父和父母，都是被这种长线所伤害。你们今天一定会被伤害，你们不会再见到父辈的我了。'

"这时小鱼顺着食饵游去，结果被渔夫用设下的网所捕获，拖上了岸。这些小鱼、大鱼和所有死了的鱼，都是这样被伤害的。

"有一位小和尚，在各地行乞，他穿着袈裟，托着食钵，步行乞食。本应修福度脱众生苦难，却不能守护身、口、意三业，不能守护眼、耳、鼻、舌、身、意六根，心意散乱不专一。他在一个村落乞食时，看见有一位女子相貌端正，面容犹如桃花，姿色天下无双。心中便生起淫欲之心。由于滋生淫欲之心，导致人的身体、语言、意识中也都升起炽热的欲火。这位小和尚的身体、语言、意识中都升起炽热的欲火。

"这个小和尚在这个村落乞食后，回到住处，心中生发了淫欲之想。他便前往他尊敬的大和尚的住所，把自己的心思，向其诉说。尊敬的大和尚告诫这位和尚：'你心中起了淫欲之想，这不是清净修行。你应当禅定进行恶露观。'地位尊贵的大和尚，对这位小和尚反复告诫再三叮咛。这时小和尚身体、语言、意识中炽热的欲火仍然旺盛。

"小和尚又到这个村落乞食，远远看见女子相貌端正，面容犹如桃花，姿色天下无双。便心中生起淫欲之心。由于滋生淫欲之心，导致人的身体、说话、意识中都升起炽热的欲火。小和尚身体、语言、意识中的炽热欲火依然如故。他在这个村落乞食后，回到住处，便前往他尊敬的大和尚的住所，把自己的心思没有改变的缘故，都向出家修行者们诉说了。尊敬的大和尚们，对这位小和尚说：'你如果这样就不再是我们出家修行的人了。'

"这时小和尚舍弃了戒律，换上了世俗之人的衣服，沉溺于享乐和爱欲中。这是出家人被心魔所控，随着魔王生发的欲望所致。其不会脱离生、老、病、死和忧愁苦恼的人生苦海。

"因此出家人如果有了名利欲望。修行会十分困难，十分艰苦，甚至会在恐慌和畏惧中堕入地狱、饿鬼、畜生三恶道之中，不能往生无上光明的境地。所以出家修行者，应当这样修学，将已有的利欲之心要舍弃，没有利欲之心的要保持心中不起贪欲。出家修行的人，应当这样修学佛理。"

这时出家修行者们听了佛陀的教义后，心中欢喜，信奉修行。

这就是佛陀所说的《大鱼事经》。

【辨析】

本文语言颇有讲究，耐人寻味。汉语中"鱼"和"欲"谐音，以"鱼"论"欲"，语带双关含蓄巧妙。把写鱼和写欲自然相连。鱼经不起鱼饵的诱惑，进入渔夫所设下的罗网而死于非命；小和尚经不起女色的诱惑，欲火中烧，舍弃了佛法，换下了僧服，从而死后堕入地狱。

故事以鱼之事比喻出家修行。以小鱼受害，比喻小和尚下地狱；又以"大鱼"的告诫，比喻"大和尚"的叮嘱。也说明出家修行的人要祛除妄有，修行身、口、意三业绝不能有一点松懈，否则，一旦被心魔所控，则如鱼随钩，佛莫能助，以此体现修行在自身的理趣。

虽然故事是以出家人为教化对象，告诫持守戒法、修行三业、禅定观想，但对于我们世人，亦有启示：欲壑难填，不可不慎。

四十八

人生如旅途喻

【题解】

《佛说譬喻经》，大唐三藏法师义净译。义净（635—713 年），唐代高僧，旅行家，中国佛教著名译经家之一。范阳（今河北涿县），一说齐州（今山东济南）人。十四岁出家，志学玄奘，到天竺求法，于 671 年从广州出发，691 年回国。所译经典甚丰，著有《南海寄归内法传》、《大唐西域求法高僧传》等。

本文通过对旷野旅人所遭遇的种种磨难的描述，说明处于无明之中的人们，在艰难的人生旅途中的苦苦挣扎，表现人生无常，以及度生死，求解脱的喻理。

【经文】

如是我闻：

一时薄伽梵[1]，在室罗伐城逝多林给孤独园[2]。

尔时世尊于大众中，告胜光王[3]曰："大王，我今为王略说譬喻。诸有生死味着过患，王今谛听，善思念之，乃往过去，于无量劫。

"时有一人，游于旷野为恶象所逐。怖走无依，见一空井。傍有树根，即寻根下，潜身井中。有黑白二鼠，互啮树根。于井四边有四毒蛇，欲螫其人。下有毒龙，心畏龙蛇，恐树根断。树根蜂蜜，五滴堕口。树摇蜂散，下螫斯人。野火复来，烧然此树。"王曰："是人云何？受无量苦，贪彼少味。"

尔时世尊告言："大王，旷野者，喻于无明[4]长夜旷远；言彼人者，喻于异生；象，喻无常；井，喻生死；险岸树根，喻命；黑白二鼠，以喻昼夜；啮树根者，喻念念灭；其四毒蛇，喻于四大；蜜，喻五欲；蜂，喻邪思；火，喻老病；毒龙，喻死。是故大王，当知生、老、病、死，甚可怖畏。常应思念，勿被五欲之所吞迫。"

尔时世尊，重说颂曰：

旷野无明路，人走喻凡夫。

大象比无常，井喻生死岸。

树根喻于命，二鼠昼夜同。

啮根念念衰，四蛇同四大。

蜜滴喻五欲，蜂螫比邪思。

火同于老病，毒龙方死苦。

智者观斯事，象可厌生津。

五欲心无著，方名解脱人。

镇处无明海，常为死王驱。

宁知恋声色，不乐离凡夫。

尔时胜光大王，闻佛为说生死过患。得未曾有，深生厌离。合掌恭敬，一心瞻仰。白佛言："世尊，如来大慈。为说如是微妙法义，我今顶戴。"佛言："善哉，善哉。大王，当如说行，勿为放逸。"

时胜光王及诸大众，皆悉欢喜，信受奉行。

佛说譬喻经。

【注释】

[1] 薄伽梵：同婆伽婆，见前注。

[2] 室罗伐城逝多林给孤独园：即舍卫城祇树给孤独园，此为义净译。

[3] 胜光王：即波斯匿王，侨萨罗国国王，国都舍卫城。义净译为胜光王，玄奘译为波斯匿王。

[4] 无明：梵文意译，异名有"痴"、"愚痴"，常与"惑"通用。为根本烦恼之一。一般意义上说，指不能通达事理、不能认识诸法实相的状态，也指不了解佛教义理的世俗偏见。又作无明支。唯识宗认为无明为心所（心之作用）之一。无明也是佛教的基本理论十二因缘（无明缘，行缘，识缘，名色缘，六入缘，触缘，受缘，爱缘，取缘，有缘，生缘死缘）的起始。

【译文】

人生如在旅途的比喻故事

我曾亲自聆听了佛陀的教诲。

在那个时候，庄严尊贵的佛，住在室罗伐城一座由给孤独长老买下并献给佛的、在先前王子的林园中建造的祇园精舍里。

这时，佛陀在信众之中，告诫国王胜光王说："胜光王，我今天为你简略地以比喻说一说有关于生与死的人生苦难，国王你今天要仔细听，认真思考，乃至于思考过去，那些无法计算的岁月。

"从前有一个人，行走在旷野，当时被正凶猛的大象追逐。在惊恐中，他看见有一口井，井旁边的树有着一条长长的树根，他就赶快抓住树根溜了下去，藏身在井中。这时这人看见有黑白两只老鼠，正互相交替啃咬着树根。在井的四边有四条毒蛇，正张开毒牙准备吃人。再往下看，井下还有一条毒龙。这人心里十分恐惧，既害怕下面的毒龙和上面的毒蛇，又唯恐树根被老鼠咬断。此时树根上面的蜂蜜，一连五滴落到又饿又怕的旅人口中。旅人摇动树根本想赶走老鼠，但却使蜜蜂飞散开来，飞到井下蜇咬旅人。这时野火又烧了过来，眼看就要烧到这树和树根了。"胜光王说："这人怎么会这样呢？受如此的苦难，什么都得不到。"

这时，受世人尊敬的佛陀告诫胜光王说："胜光王，旷野，比喻未识人生真谛的漫漫黑夜；逃难的旅人，比喻不同的人生际遇；大象，比喻追索生命的无常；水井，比喻人处生死之间；井边的树根，比喻命运；一黑一白两只老鼠，比喻白天和黑夜；啃咬树根，比喻念起念灭，生命流逝；四条毒蛇，比喻由地、水、火、风四大和合而成的身心；蜂蜜，比喻色、声、香、味、触引发的五种欲望；蜜蜂，比喻人邪恶的想法；野火，比喻人的衰老和疾病；毒龙，比喻死亡。因此胜光王，你应当知道生、老、病、死是十分可怕的。要常思考，不要被色、声、香、味、触引发的五种欲望所吞噬。"

这时受世人尊敬的佛陀，又用诗句归纳说：

> 人生旷野无明路，旅人奔走喻凡夫。
> 大象比喻索命鬼，井喻生死如两岸。
> 树根比喻人命运，黑白老鼠昼夜同。
> 咬根如同光阴逝，地水火风和合身。
> 蜜滴口中喻五欲，蜂蜇好比邪恶念。
> 野火同于人老病，毒龙喻示死亡苦。
> 智者观想世间事，即可厌离生死路。
> 五种欲望心中无，方可称为解脱人。
> 一世无明如苦海，常为生死所驱赶。
> 抛弃所恋声与色，不求享乐离凡夫。

这时，胜光王听了佛陀为他讲说的人生的比喻。得到未曾有过的感悟，深深认识到要脱离人生的苦难。他双手合什行佛礼以表恭敬，表示一心信仰佛法。胜光王又对佛说："受世人尊敬的佛陀，大慈大悲。为我解说如此微妙的佛教义理，我今天要顶礼膜拜佛陀。"佛陀说："很好，很好。胜光王，应当如你所说的那样修行，切勿放纵自己，恣情纵意。"

这时胜光王以及信众听了佛陀的教义后，都心中欢喜，信奉修行。

这就是佛陀所说的《佛说譬喻经》。

【辨析】

在这篇比喻故事中，佛陀一连说了十二重比喻，一气呵成，令人目不暇接。虽然在内容上和本书的第八篇"人生无常喻"中的一连七喻有雷同之处，但写法更为细致，喻义更加丰富。

通过比较可以看出，本篇增加的内容有五处，即"言彼人者，喻于异生"、"井，喻生死"、"险岸树根，喻命"、"啮树根者，喻念念灭"、"蜂，喻邪思"、"火，喻老病"。这样一来，理趣大有不同。

"言彼人者，喻于异生"，讲的是各不相同的人生，强调了人生来就有所差异，如男女、高矮、美丑等；"井，喻生死"，人活着就始终面对死亡，表现了人处生死间的无奈境况；"险岸树根，喻命"，喻示命运和机缘，然而命运和机缘有时并非个人能够把握；"啮树根者，喻念念灭"，是说妄心此起彼伏，不能自已；"蜂，喻邪思"，昭示在欲望的驱动下，人的心魔难收；"火，喻老病"，告诉世人衰老和疾病会不期而至。如此，人生是苦，要度脱苦难的立意也就水到渠成，呼之欲出了。

四十九

灌顶王喻

【题解】

《佛说灌顶王喻经》，西天译经三藏朝奉大夫试光禄卿传法大师赐紫臣施护等奉诏译。本经译自北宋。译者施护（？—1017），是北印度乌填曩国帝释宫寺僧人，不仅是精通佛教经、律、论三藏的法师，而且是被朝廷加封了爵位、以传播佛法为使命的印度僧人。此经典明示是按照皇帝的旨意进行汉译。"赐紫"是皇帝给予出家修行者的一种特殊荣誉，可见汉译者身份和地位的特殊。自隋唐以后，这种"奉诏"译经的工作，往往是在国家译场完成的。根据译场制度，译场中设有译主、笔受、缀文、证义等各种职务，朝廷也会派官员监督。佛典译出经朝廷审查后，再在全国发行。因此，所译经典的质量也是有保障的。

汉译佛经，自唐宪宗元和六年（811）《本生心地观经》译成后即中断，至宋太宗太平兴国七年（982）又得以恢复，由施护、天息灾、法天三人主持当时的翻译工作。太平兴国七年（982）七月，三人分别试译了《无能胜幡王如来庄严陀罗尼经》、《圣佛母小字般若波罗蜜多经》、《大乘圣吉祥持世陀罗尼经》各一卷，他们试译的佛经，经过京城义学沙门一百人的共同审查、对勘，其翻译水平、质量和价值得到认可后，继续编入大藏经。施护、天息灾等新译的经典在雍熙元年（984）九月刻版流通，并将太宗所做《新译三藏圣教序》置于各经卷首。施护自携梵文佛典来华，直到天禧元年（1017）圆寂，所译经典甚多，其种类、名目、卷数，在《大中祥符法宝录》和《景祐新修法宝录》里有详细记载。《大正藏》中录施护所译佛经一百一十五部，共二百四十五卷。

本文以得到佛法加持的三类刹帝利种姓的国王，比喻修行者达到的三种境地，反映出佛教利国利民，有助于国家、有益于个人的喻理。

【经文】

尔时世尊在舍卫国，以因缘故，告诸苾刍言："汝等当知：有三刹帝利王，于三时[1]中，在于某方，受王灌顶[2]。而彼三王，乃至尽寿，常所思念。

"何等为三？谓第一王，年方少盛，依灌顶法。在于某方，受王灌顶。得灌顶已，乃至尽寿，常所思念。

"又第二王，功力渐大，依灌顶法。在于某方，受王灌顶。得灌顶已，乃至尽寿，常所思念。

"又第三王，有大威力，战勇最胜，一切对敌，而悉信伏。以最胜故，得胜安住。依灌顶法，在于某方，受王灌顶。得灌顶已，乃至尽寿，常所思念。

"汝诸苾刍，亦复如是。于三时中，在于某方，作修证事，乃至尽寿，常所思念。

"何等为三？谓有苾刍，发正信心，舍家出家，剃除须发，被袈裟衣。此为第一，在于某方修苾刍事，乃至尽寿，常所思念。

"又有苾刍，修诸胜行。为证灭故，断诸集法，如是知已。远尘[3]离垢，于诸法中，得法眼净。此为第二，在于某方，修苾刍事，乃至尽寿，常所思念。

"又有苾刍，诸漏[4]已尽，非漏随增，心善解脱。慧善解脱，自智所证，已得成就。我生已尽，梵行已立，所作已办，不受后有。此为第三，在于某方，证圣果事，乃至尽寿，常所思念。"

佛说灌顶王喻经。

【注释】

[1] 三时：时间概念，指宇宙运行及存在的无穷时态，即过去时和现在时和未来时。

[2] 灌顶：原意为以四大海之水，灌于顶表示祝愿，是印度国王册立太子的仪式。大乘佛教以灌顶表示得佛陀智慧，以水灌顶，称灌顶法王。受佛摩顶亦称灌顶。密教中以灌顶作为阿阇黎向弟子印可传授时的一种仪式，表示如来五智的水灌注弟子顶，自此传承法门。不空云："顶为头顶，表大行之尊高。灌为灌持，明诸佛之护念。"

[3] 尘：即色、声、香、味、触、法六尘，生于眼、耳、鼻、舌、身、意六根，因污染净心，产生烦恼，故称。

[4] 漏：烦恼的异名。

【译文】

国王受到佛教护佑的喻理

这时受世人尊敬的佛陀在舍卫国，在讲解因缘义理时，对修行者说："你们应当知道：有三种刹帝利王者，于过去、现在、未来之中，在某个地方，接受佛法灌顶的祝愿。而这三种王者，直到寿命已尽，还常常会受到人们的思念。

"有哪三种呢？第一种王者，在年少气盛、血气方刚时，皈依佛法接受灌顶。在某个地方，接受佛法灌顶。得到灌顶后，一直到寿命已尽，还会常常受到人们的怀念。

"第二种王者，功德和国力逐渐强大，皈依佛法接受灌顶。在某个地方，接受佛法灌顶。得到灌顶后，一直到寿命已尽，还常常会受到人们的怀念。

"又第三种王者，有广大的威力，作战勇敢，战无不胜，一切敌人，都会臣服。因为取得胜利，得以国泰民安。皈依佛法接受灌顶，在某个地方，接受佛法灌顶。得到灌顶后，一直到寿命已尽，还常常会受到人们的怀念。

"你们修行者，也会这样。于过去、现在、未来之中，在某个地方，修证佛法，一直到寿命已尽，还常常会受到人们的怀念。

"有哪三种修行者呢？有修行者，发正心信奉佛法，舍弃家室出家修行，剃除胡须头发，身穿袈裟。这第一种修行者，在某个地方，修习禅定观想，一直到寿命已尽，还常常会受到人们的怀念。

"还有的修行者，修行各种殊胜的法行。因为证悟而灭除妄有的原因，断绝了妄心，知道自己的本来面目。远离妄有心尘，在各种现象形态中，得法眼清净。这第二种修行者，在某个地方，修习禅定观想，一直到寿命已尽，还常常会受到人们的怀念。

"还有的修行者，尽除各种烦恼，成就之心随之增长，善于解脱一切烦恼。智慧而善于解脱，以自己的智慧证悟佛法，已经得到佛果。生命结束的时候，心念定止，所证已成，不再轮回。这第三种修行者，在某个地方，证悟了佛果，一直到寿命已尽，还常常会受到人们的怀念。"

这就是佛陀所说的《灌顶王喻经》。

【辨析】

本篇以帝王皈依佛教的三种情形，比喻修行者的三种不同境界。这种大胆的设想，突出地体现了佛教敢于睥睨王权，视王者为佛教的教化对象的理论自信。

　　让一切成功的统治者皈依佛教，表达了这样的信息：世俗的一切统治者，都只是利益和功利的代表，而佛教的真谛却在于免除人生的一切苦难。"三时"的特征也体现出对真理的极大自信，因为谁也无法去断定自己的未来，而佛教不仅在教义和理论上确认了"三世两重因果"，而且其更为关心的是人的未来。其对人心的收摄，是一种信仰，也是一种心灵的抚慰，这些恰恰是一切王权无法取代的精神力量。

　　故事极其巧妙地以相互对应的手法，把三种时间概念、三类王者、三种修行者的境界连成一体，铺排推衍，层层深入。以少年得志的王者，比喻出家修行的人；用渐成霸业的王者，比喻有了功德的出家修行人；以成就霸业的王者，比喻证悟了佛果的人。从而将佛教高于王者的喻理和盘托出。以此隐喻出家人不拜王者的教义。一切王者如果要有所成就，就需要先拜佛陀。无论是过去，还是现在，乃至于将来，佛教都是王者之师。这一理趣，在这里表现得可谓淋漓尽致。事实上，从佛教的发展过程来看，王者需要佛教的护佑，佛教的传播与发展也离不开王权的支持。两者互为条件，互为作用。

五十

医　喻

【题解】

《佛说医喻经》，西天译经三藏朝奉大夫试光禄卿传法大师赐紫臣施护等奉诏译。

本文以医生治病比喻佛陀治心。虽仅四百八十余言，但却从诊断、病理、药物、治疗四个方面介绍了"医方明"即佛教医药学的知识，并以此阐明了佛陀所说"八万四千法，对治八万四千心"的深刻义理。

【经文】

如是我闻：

一时，世尊在舍卫国中，与苾刍众俱。是时世尊，告诸苾刍言："汝等当知，如世良医，知病识药，有其四种，若具足者，得名医王。何等为四？一者，识知某病，应用某药；二者，病知所起，随起用药；三者，已知诸病，治令病出；四者，断除病源，令后不生。是为四种。

"云何名为识知某病，应用某药？谓先识知如是病相，以如是药应可治疗，令得安乐。

"云何名病所起，随起用药？谓知其病，或从风起[1]，或从癀起[2]，或从痰起，或从瘾[3]起，或从骨节起，或积实[4]所起。知如是等病所起处，随用药治，令得安乐。

"云何名为已生诸病，治令病出？谓知其病应从眼出，或于鼻中，别别治疗而出，或烟薰、水灌鼻而出，或从鼻窍引气[5]而出，或吐泻出，或于遍身攻汗而出，乃至身分上下，随应而出。知如是等病可出处，善用药治，令得安乐。

"云何名为断除病源，令后不生？谓识知病源，如是相状，应如是除。当勤勇，力现前作事，而善断除，即使其病后永不生，令得安乐。

"如是等名为四种知病识药。"

如来应供，正等正觉[6]，亦复如是。出现世间，宣说四种无上法药，何等为四？谓苦圣谛、集圣谛、灭圣谛、道圣谛[7]。如是四谛，佛如实知，为众生说，而令断除生法，苦本生法断故，而老、病、死、忧、悲、苦恼，诸苦永灭。如来应供，正等正觉，为是利故，宣说如是无上法药，令诸众生得离诸苦。诸苾刍，又如转轮圣王[8]，四兵[9]具足，故得如意自在。如来应供，正等正觉，亦复如是。

佛说此经已，诸苾刍众，欢喜信受。

佛说医喻经。

【注释】

[1] 风起：指病由风邪而起，如伤风感冒。

[2] 癀（huáng）起：癀病，指红、肿、热、痛等由细菌感染引发的炎症。

[3] 瘾（yǐn）：原字为古今皆无的异体字，换为"瘾"，指嗜好，亦指对某项事物的特殊兴趣。本文意指心理疾病。佛经有"风热痰瘾"之说。

〔4〕积实：指病产生于内脏。

〔5〕鼻窍引气：用药使人打喷嚏排出病毒的疗法。

〔6〕如来应供，正等正觉：如来、应供，皆为佛陀名号。如来，谓乘如实之道而来。应供，意指应受人、天供养。正等正觉，意为平等、正信，以及正确的认识。

〔7〕苦圣谛、集圣谛，灭圣谛、道圣谛：即四谛学说，指苦、集、灭、道四种真理。苦谛是指对人生是苦的认识；集谛是对产生人生苦难原因的分析；灭谛是指涅槃寂静；道谛是达到寂静涅槃境界的道路和方法，即八正道（正见、正思惟、正语、正业、正命、正精进、正念、正定）。

〔8〕转轮圣王：又称转轮王、轮王。身具三十二相，从天神处得宝轮，转其宝轮，四方降服，故称转轮王。

〔9〕四兵：象、马、车、步四个兵阵的合称。

【译文】

医生治病的喻理

我曾亲自聆听了佛陀的教诲。

在那个时候，受世人尊敬的佛陀在舍卫国，和修行者们在一起。这时受世人尊敬的佛，告诫修行者说："你们应当知道，比如世上高明的医生，知道病理和了解药物的作用，有四种能力，如果都能具备，就可以称为医圣。哪四种能力呢？第一，能够知道哪一种病应该用哪种药来治疗；第二，知道发病的原因，从而能够根据病因用药；第三，知道病理，通过治疗使患者病愈；第四，知道如何祛除病根，使患者今后不再患此病以及这四种能力。

"什么叫能够知道哪一种病应该用哪种药来治疗呢？是说先要认识并知道病的症状，然后知道用哪种药物可以进行治疗，使病人得到平安快乐。

"什么是知道发病的原因，然后根据病因用药呢？是说能够知道疾病，或者是因风邪而起，或者是因炎症而起，或者是因肺部生痰而起，或者是因心里郁结而起，或者是因骨头和关节而起，或者是从内脏而起。知道了生病的原因，然后用药治疗，使病人得到平安快乐。

"什么叫知道病理，通过治疗使患者病愈呢？是说知道疾病应该是通过眼睛表现，还是通过鼻子表现，从而分别用不同的方法进行治疗，或者用药熏、用药水灌鼻，或者用药使人打喷嚏排出病毒，或者用呕吐以及泄泻的方法排出，或者使患者全身发汗排出寒气或热毒，乃至于根据身体上下的不同部位，随机让病源排出。知道哪种疾病可以采用哪种治愈的方法，善于用药治愈患者，使病人得到平安快乐。

"什么是知道如何祛除病根，使患者今后不再患此病呢？是说能够认识并知道发病的根源，以及相应的表现症状，相应的祛除病根的方法。然后勤奋钻研，勇于探索，力求做好眼前的事情，从而善于断除病根，使病治愈后永不再生，使病人得到平安快乐。

"这就称为四种知道病理认识药性的能力。"

佛陀受人供奉，平等、正信、正确的佛法，也是如此。佛陀出现在世间，以四种无上智慧的佛法之药进行宣扬和解说，哪四种呢？即苦、集、灭、道四种真理。这四种真理，佛陀如实而知，广泛地为众生解说，使他们认识断除产生妄有之心的佛法，断除一切苦难的根本，从而使老、病、死、忧、悲、苦恼，以及一切苦难永远灭除。佛陀受人供奉，平等、正信、正确的佛法，为的是利益众生，宣扬和解说无上智慧的法药，让一切众生得以脱离苦难。出家修行者们，又如转轮王一样，象、马、车、步四个兵阵具备和充足，所以才得以自在如意。佛陀受人供奉，平等、正信、正确的佛法，也同样如此。

佛陀说了本经后，出家修行者们都心中欢喜，信奉修行。

这就是佛陀所说的《医喻经》。

【辨析】

这篇比喻经以医生治病所具备的四种能力和方法，比喻佛陀教化众生，脱离苦海的四方种方法，即"苦、集、灭、道"四谛。集中阐发了医生用药治病，佛陀用佛法治愈人心的喻理。

本文以议论见长，论述治病的道理时，分别从"知病和用药"、"病因"、"病理和治疗"、"除病根"这四个方面进行了分析，可以归纳为"知、因、治、除"。接着再以类比推理的方法，层次井然地将治病的四种能力与四谛学说相对应，极富逻辑性和说服力。

知道得了什么病，该用什么药，比喻要知道佛教对人生是苦的认识即"苦谛"；了解得病的原因，比喻佛陀对产生人生苦难的原因的分析即"集谛"；治愈疾病，比喻佛教修心的目的，进入涅槃寂静即"灭谛"；除去病根，比喻达到寂静涅槃境界的道路和方法，就是"道谛"，即八正道。这样，以医者治病，喻指佛者治心；以医生治的是病人，喻指佛家治的是众生；但再高明的医生，也治不了人的一切精神痛苦，而佛教却能使人永远脱离苦难。这样一来，就把佛陀既关心人肉体的病苦，更关心人的一切苦难的崇高和伟岸烘托和表现出来。

同时，从文章对医术的描述看，从少年时期就接受了"医方明"教育的佛陀，不仅具有高明的医术，更具有普度众生的理想和情怀。佛陀把悬壶济世、治病救人的善行和大慈大悲，救众生于苦海的信仰相联系，凸显了人类伟大思想家的人格和境界，使人高山仰止，赞叹不已。

五十一

慈氏菩萨所说大乘缘生稻秆喻

【题解】

以下两篇是《大正藏》经集部中单篇（各一卷）的比喻经，依目次收入本书。

《慈氏菩萨所说大乘缘生稻秆喻经》，开府仪同三司特进试鸿胪卿肃国公食邑三千户赐紫赠司空谥大鉴正号大广智大兴善寺三藏沙门不空奉诏译。简称《稻秆经》，唐代不空法师译。

不空（705—774 年）为唐代佛教密宗的创始人。原名智藏，狮子国（今斯里兰卡）人，十四岁在阇婆国（今印度尼西亚爪哇）遇金刚智三藏，随来中国，开元八年（720 年）到洛阳。二十岁时在洛阳广福寺说一切有部石戒坛受比丘戒。此后十八年中，他学习律仪和唐梵经论，并随金刚智译经。开元二十九年（741 年），不空奉朝廷之命，率弟子含光、惠䍐等僧俗三十七人，赍送国书往狮子国。因是大唐来使，他在故国受到殊礼接待，逗留三年，受学密法，广泛搜集大量佛典，有陀罗尼教《金刚顶瑜伽经》等八十部，大小乘经论二十部，共计一千二百卷。于天宝五载（746），同使者携带献物和梵经回唐，此后，长期住在长安大兴善寺。由于他通晓中国语言和文化，并穷其毕生精力从事佛经翻译事业，先后译出大乘经典和密教经典共七十七部，一百二十余卷。不空与罗什、真谛、玄奘一同被史家誉为取得显著成就的四大翻译家，以翻译秘密藏经仪轨著称。本经为大乘显教经，在不空译作中不多见，且本经是佛经中弥勒菩萨唯一所说的经文，从教义上看属于唯识有宗法理，和中观空宗相对。

本文叙述了弥勒菩萨应舍利弗之请，解说了因缘生法有内外两种的佛理。以稻秆由种生芽，由芽生叶，由花生果的常理，比喻佛教十二因缘学说的相互关系，深刻论述了佛陀的教义。本经的异译本有三国吴支谦译本《了本生死经》，东晋失译本《佛说大乘稻秆经》，宋施护译本《大乘舍黎娑担摩经》、《佛说稻秆经》等。本经和施护译本相近。"秆"字原为古今皆无的异体字，根据文义改之。

【经文】

如是我闻：

一时婆伽梵。住王舍城鹫峰山中。与大苾刍僧千二百五十人俱。及大菩萨摩诃萨众。

尔时慧命舍利子[1]，往至慈氏菩萨摩诃萨[2]经行处。其慈氏菩萨与舍利子，俱坐盘石上。时慧命舍利子问慈氏菩萨摩诃萨言："今日世尊观见稻秆。告诸苾刍而说是语：'汝等苾刍若见缘生[3]即是见法，若见法即见佛。婆伽梵如是说已，默然而住。'如来所说是经，当有何义？云何是缘生，云何是法，云何是佛，云何见缘生即见法，云何见法即见佛？"

说是语已，慈氏菩萨摩诃萨告舍利子言："薄伽梵常为苾刍说如此义，若见缘生，即见法。若见法，即见佛。缘生者，所谓无明缘行，行缘识，识缘名色，名色缘六处，六处缘触，触缘受，受缘爱，爱缘取，取缘有，有缘生，生缘老死。如来说此，是为缘生。

"云何是法？如来略说八支圣道果得涅槃，是名为法。云何是佛？觉悟一切法故，以圣慧眼证于涅槃，见作菩提所学之法，是名为佛。云何见缘生？如来说此缘生常住，无人、无我、无众生、无寿命、不颠倒、无生、无作、无为、无对、无碍。见自性寂静，即见法。若见如是种类常住，无人、无我、无众生、无寿命、不颠倒、无生、无对、无碍，是即见法。从此已后，即见法身，得见如来现证正智。"

又问缘生者是何义？答言："有因有缘，非无因缘，名为缘生。而于此中，如来略说缘生之相。由是因故能生是果，若如来出世及不出世，法性、法住、法位，顺于缘生，真如不颠倒，如不异，如真实不异。实不颠倒、不错谬，为如是等。复次缘生者由二种因起。"

云何为二？一者系属因，二者系属缘。其缘生法应知二种，所谓外内。

外缘生者，系属因云何？所谓从种子生芽，从芽生叶，从叶生枝，从枝生茎，从茎生干，从干生花，从花生果。若无种子，芽无从生，乃至无花果，亦无所从生。有种故生芽，乃至有花生果。其种不作是念：我能生芽；芽亦不作是念：我从种生；乃至花亦不作是念：我能生果；果亦不作是念：我从花生。然有种子故生芽，乃至有花生果，如是外缘生，应知系属于因。

云何外缘生，系属于缘？所谓六界和合缘生，系属于缘。云何六界地、水、火、风、空、时，和合缘生，系属于缘？云何地界、水、火、风、空、时界？令种子摄持，名为地界；令种子滋润，名为水界；令种子成就，名为火界；令种子增长，名为风界；令种子作无障碍，名为空界；令种子变易，名为时界。若无众缘，子不生芽；若不阙地界，不阙水、火、风、空、时界，则一切和合种子生芽。其地界不作是念：我能摄持种子；水界不作是念：我能滋润种子；火界不作是念：我能成就种子；风界不作是念：我能增长种子；空界不作是念：我能令种子作无障碍；时界不作是念：我能变易种子；其种子亦不作是念：我从众缘而得生芽。

　　然假如是缘种子生芽，其芽不自作、不他作、不二俱作。不自在天作，不时变易作，不自性生。不系属作者，无因得生。如是种子以地、水、火、风、空、时和合故。而生此外缘生法。

　　应知五种：不常、不断、不移转、因少果多、相似相续不生异物。云何不常？种子芽异故，不即是种是芽，亦不以坏种而得生，芽实种坏故而生。以种坏芽生故名不常。云何不断？先不坏种而生芽，亦非不坏。如是种坏和合生牙，名为不断。不移转者，种子芽为异故。因少果多者，种子少果实多。相似相续者，随其植种收果亦尔。如是外缘生法，五种应知。

　　云何内缘生？有二种得生。云何为二种？一者系属因，二者系属缘。内缘生法，系属于因云何？所谓无明缘行，乃至生缘老死。若无无明则无行，然有无明即有行。乃至有生缘老死得生。其无明不作是念：我能生行；行不作是念：我从无明生；乃至生不作是念：我能生老死。然有无明即有行生，乃至有生即有老死生。如是内缘生法，系属于因。云何内缘生法，系属于缘？六界和合生。

　　云何六界和合？所谓地、水、火、风、空、识界。和合缘生，系属于缘。云何地界？令身聚合坚体，名为地界；云何水界？令身作摄持，名为水界；云何火界？令身中食饮成就，名为火界；云何风界？令身中作出入息，名为风界；云何空界？令身中成窍隙，名为空界；云何识界？令转名色如束芦，五识相应有漏，意识名为识界。若无六界则不成身，若不阙内地界，不阙水、火、风、空、识界，则一切和合，能生其身。其地界不念：我能令身聚合坚体；水界不念：我能令身作摄持；火界不念：我能令身中食饮成就；风界不念：我能令身作出入息；空界不念：我能令身中成窍隙；识界亦不作是念：我能转名色犹如束芦；其身亦不作是念：我被众缘所生。然有如是众缘而生其身，是地界无我、无人、无命、无寿者，无意生，无儒童，无女、无男、无非男女、无吾我，亦无余水、火、风、空、识界。亦无我、无人、无命、无寿者、无意生、无儒童、无女、无男、无非男女、无吾我、无余。

云何无明？于此六界，起一想、合想、常想、坚想、常恒想、乐想、静想、众生想、命想、寿者想、意生想、儒童想、吾我作者想。生如是种种无知，名为无明。于如是有无明境界，生贪、瞋、痴。于彼贪、瞋、痴生行。于彼事施设，名为识。其识生四蕴[4]，彼名色所依诸根。则六处三法[5]和合，名为触。触生受，受耽着故生爱，爱广大故名为取。取复生有，业有作因生蕴，蕴熟故名老，蕴坏故名死。于爱迷惑、贪着热恼，故名愁。追感往事，言音哀戚，名为叹。五识身相，应名为苦。意不悦故名忧，随烦恼故名为恼。愚闇名无明，造作名为行，了别名为识，互相摄持名为名色，依处所故名为六处。触境故名为触，领纳故名为受，渴爱故名为爱，取着故名为取，取复生有故名为有，能生故名生，根熟故名老，灭坏故名死。哀戚故名愁，怅怏故名叹，意不悦故名忧，逼迫身故名为苦，不称情故名恼。不修真实行名邪行，无知名无明。有无明故种种造作。福近行行、非福近行行、不动近行行，起福近行行、非福近行行者，故名为识。是故名为无明缘行，起非福近行行、非福近行行者，亦即是识。是故名行缘识，起不动近行行、不动近行行者，亦是于识。是故名为识缘名色，名色增长作六处门，是故名为名色缘六处。六处身转，是故名为六处缘触。同类触生同类受，是故触缘受。于受差别耽着喜悦，是故名为受缘爱。爱耽着乐，故爱不舍数数忻求，故名为爱缘取。如是营求，复生有起，业于身、于语、于意，是故名为取缘有。从业生五蕴转，名为有缘生。从生蕴令熟坏灭，名生缘老死。如是名为十二缘生。迭互为因，不常、不造作，无思亦无缘生，无尽法、无离欲法、无灭法。无始来流转不间断，随转如河驶流，设使缘生不间断，随转如河驶流，是十二支缘生，四支和合而作转因。

云何为四？所谓无明、爱、业、识，是识种子自性为因，业田自性为因，无明爱烦恼自性为因。业烦恼识能生种子，如是业识作

种子田，爱识作种子，沃润无明识令种子开发。其业不作是念：我
与识种子作田；爱不作是念：我与识种子作沃润；无明不作是念：
我令识种子开发；识种子亦不作是念：我从众缘而生。然实识种子
安立业烦恼，以爱令沃润。以无明土覆生名色芽。其名色芽，不自
作、不他作、不二俱作。不自在天作，不时变易作。不从自性生，
不系属因，无因亦不生。然复从父母和合时相应，及余缘相应相续
生。是识种子于母腹中，名色芽生。于无主、无我授法如幻相因缘
不阙，从五种缘生眼识。

云何五种？眼、缘、色、明、虚空，从彼生作意。眼识作依止
色作所缘，光明以为照虚空，作无碍从彼，生作意以为审虑。若无
众缘眼识不生，若阙内眼处如是色光明虚空作意，则眼识不生。如
是五缘不阙，则一切和合能生眼识。其眼不作是念：我与眼识作所
依；其色不作是念：我与眼识为所缘；光明不作是念：我与眼识作
照缘；虚空不作是念：我与眼识为无碍缘；所生意不作是念：我与
眼识作审虑；又眼识不作是念：我为众多缘所生。然有众多缘而生
眼识，余四根者，应如前知。实无有法，不从此世移转至于彼。有
业报施设，因缘不阙故。譬如明镜现其面像，其面像不移转至于镜
中，而此镜中有其面像。因缘不阙故。如是不从此灭至于余处，有
业果感招，因缘不阙故。譬如月轮去地四万由旬[6]。于全器中而有
少水，则现月像。而实不从彼谢，至于全器少水中现。然有众缘和
合影现如是，不从此灭生于余处。有业报相感，因缘不阙故。譬如
无薪，火则不生，有薪则火生。业烦恼所生识种子，从彼生处相
续，名色芽转。如是无主、无我法、无所摄法，互为因缘如幻相，
自性法因缘不阙。内缘生法五种应知。不常、不断、不移转、因少
果多、相似相续生。

云何不常？从此边蕴死，于余处边蕴生。非即死边蕴，是彼生
边蕴。然死边蕴灭，于彼生边蕴起，是故不常。

云何不断？不先灭于死边蕴，而起生边蕴，亦非不灭于死边

蕴，即于彼时而生中有蕴，如秤不低昂，名为不断。

云何不移转？然于异类转先，名不移转。

云何因少果多？于此身作少善恶业，来生身多受善恶报。

云何相似相续？犹如现受身作业，即于来生受报，若是此缘生法。如实以正慧眼，长时修无人、无我、不颠倒、不生、不灭、无作、无为、无碍、无所缘、寂静、无畏、无夺、无尽，如幻自性空寂不坚，如痛、如痛质碍、无常性、苦性、空性、无我性，则前际不流转。

谓我于过去为曾有耶？谁为我过去曾为有耶？我于过去云何有耶？复于后际流转。谓我于未来当有耶？谁谓我未来当有耶？我于未来当云何有耶？我于未来不有耶？谁谓我于未来不有耶？我于未来云何不有耶？复于中际不流转，我于今有耶？谁谓我今有耶？

云何谓我今有耶？此有情于此殁复往何处？所有沙门婆罗门世间中异见，所谓我见系、众生见系、寿者系、诸见系、希望吉祥系。若以正见相应于此时，悉断诸结证得遍知。如断多罗树[7]。无所有性入于胜义。于诸趣长时，悟不生不灭。得成就忍[8]，广作无边利乐有情事。

若有善男子善女人，于此经中若须臾顷，审谛观察缘生义理者，即能顿灭无始时来，极重业障。广集福德，智慧通达，永断耶见，说法无畏。大德舍利子婆伽梵。与彼善男子善女人，授无上等觉大菩提记。具寿舍利子，并天龙药叉[9]彦达嚩阿苏啰蘖噜拏紧那啰摩护啰誐[10]人，及非人。闻慈氏菩萨说是经已，心大忻悦，深生随喜。从此而起，礼慈氏菩萨足，欢喜奉行。

慈氏菩萨所说大乘缘生稻秆喻经。

【注释】

[1] 舍利子：即舍利弗，佛陀十大弟子之一，有"智慧第一"之誉。

[2] 慈氏菩萨摩诃萨：慈氏即弥勒，弥勒为梵文音译，意译为慈氏。弥勒出生于古印度波罗奈国婆罗门家，随佛陀出家，先行入灭。按佛教的说法，弥勒现在兜率天内院与诸天演说佛法，直到佛陀灭度后五十七亿六千万年时，从兜率天宫下生人间。届时将像佛陀一样在华林园龙华树下说法，化度无量众生，故称为"候补佛"。弥勒菩萨为大乘佛教瑜伽行学派的创始人，也是唯识学的祖师。著有《瑜伽师地论》、《辩中边论颂》、《大乘庄严经论颂》、《金刚般若波罗蜜经论》等。菩萨摩诃萨，意为证悟者，成就了佛果的人。

[3] 缘生：即十二因缘，佛教教义，指人生过程中十二个彼此互为条件和因果的环节，即无明、行、识、名色、六入、触、受、爱、取、有、生、死，这种顺序称为还观，反之称为往观。其前后相续，辗转生发，使人生苦难不已。佛教认为产生痛苦的根本原因就是无明。

[4] 四蕴：指色、受、想、行、识五蕴之中的识蕴统领前四蕴。五蕴则是人对主客观现象的认知。

[5] 六处三法：眼根、耳根、鼻根、舌根、身根、意根为六根，也叫六处。由六处与色、声、香、味、触、法六尘相触而生眼识、耳识、鼻识、舌识、身识、意识六识。三法：根、尘、识。三法和合而生妄有之想。

[6] 由旬：古代印度的一个长度单位，一由旬约合三十里。

[7] 多罗树：即贝多罗树，属棕榈科乔木。树叶呈扇状，叶面平滑坚实，人称贝叶或贝多罗叶，印度最古老的佛经就写在贝多罗树的叶片上，称为贝叶经。

[8] 成就忍：即成就无生法忍，指不生不灭的境界。

[9] 天龙药叉：即天龙八部，是佛教的护法神。包括：天众，即护持佛法的大梵天、帝释天、四大天王、韦驮、阎王等；龙众，传说中管兴云降雨之神，为八部众的上首；夜叉，即勇健的神；乾达婆，吸香气为食，是香神或乐神；阿修罗，斗神；迦楼罗，金翅

鸟神；紧那罗，为歌神；摩呼罗迦，蟒神，也叫地龙。天众和龙众为八部之上首，最为重要，故称。

[10] 彦达嚩阿苏啰蘗噜挈紧那啰摩护啰誐：梵文音译，指天人、阿修罗等佛教护法神。

【译文】

我曾亲自聆听了佛陀的教诲。

在那个时候，庄严尊贵的佛，住在王舍城灵鹫山中。佛陀与高僧一千二百五十人，以及有成就的证悟者一起修行。

这时德高望重的佛弟子舍利弗，前往弥勒菩萨的住处。弥勒菩萨与舍利弗，都坐在山中的大石盘上。此时德高望重的佛弟子舍利弗问弥勒菩萨说："今天受世人尊敬的佛看见了稻秆。告诫弟子们说：'你们修行者如果认识了十二因缘的义理就是认识了佛法，认识了佛法即认知了佛。佛陀这样说了之后，便默默无语进入禅定。'佛陀所说的《稻秆喻经》，究竟有什么义理？什么是十二因缘，什么是佛法，什么是佛，为什么说认识了十二因缘的义理就是认识了佛法，认识了佛法即认知了佛呢？"

说完了这些后，弥勒菩萨告诉舍利弗说："佛陀常为出家人讲说这些义理，如果认识了十二因缘的义理，就是认识了佛法，认识了佛法，即认知了佛。十二因缘，是说无明缘于行，行缘于识，识缘于名色，名色缘于六入，六入缘于触，触缘于受，受缘于爱，爱缘于取，取缘于有，有缘于生，生缘于老死。佛陀所说的这十二种互为因果的关系，就是十二因缘。

"什么是佛法？佛陀简略讲说的修行八正道证得的涅槃境界，称为佛法。什么是佛？觉悟一切佛法，以佛法的慧眼证悟了涅槃境界的人，一切觉悟了佛教法理的人，称之为佛。什么是认识了十二因缘？佛陀说十二因缘的义理永存，从本质上看，无人、无我、无众生、无寿命、没有所谓颠倒的错误认识，也无所谓生、无所谓造作、无所谓作为、无所谓对、无所谓阻碍。认知了自己本自寂静，即认识了佛法。如果认识了关于十二因缘的义理，从本质上看，无人、无我、无众生、无寿命、没有颠倒的认识、无所谓生、无所谓造作、无所谓作为、无所谓对、无所谓阻碍，即认识了佛法。从此以后，即见法身佛，得以证悟了佛陀的无上智慧。"

舍利弗又接着问十二因缘的义理是什么？弥勒菩萨回答说："有起因，有发生之缘，而不是没有因缘，称之为十二因缘。对于这其中的关系，佛陀简略地解说了十二因缘的概念和名相。由于有起因所以能产生相应的结果，好比佛陀在世以及不在世，佛法的本质、佛法住世、佛法的果位，这些问题都随顺于十二因缘的义理，真实不会颠倒，真实不会变异，如同真实的本质不会变异。真实的本质也不会颠倒、不会错误，因此十二因缘是对于这些相关问题的认识。此外十二因缘有两种因果关系。"

什么是两种因果关系呢？一种关系属于因，另一种关系属于缘。十二因缘的法理由两种构成，即所谓外缘内因。

十二因缘中的法理，其关系属于因的是什么呢？正如稻谷从种子生芽，从芽生叶，从叶生枝，从枝生茎，从茎生稻秆，从稻秆生稻花，从稻花生果实的道理。如果没有种子，芽也无从产生，乃至于也不会开花结果，就没有这些生长过程。有种子发芽生长，才会有开花结果。种子不会想：我能生芽；芽也不会想：我是从种子而生的；花也不会想：我能生出果实；果实也不会想：我是从花而生的。虽然有了种子发芽生长，才有开花结果，不是外缘，应当知道从稻谷生长的关系看属于内因。

什么是外缘的产生，关系属于缘呢？即所谓六界和合而产生外缘，这种关系属于缘。为什么六界地、水、火、风、空、时，内因和外缘和合而生，其关系属于缘？什么是地、水、火、风、空、时六界？使种子得到包容保护的，称为地界；让种子得到水的滋润的，称为水界；让种子得到适当温度发芽的，称为火界；让种子成长的，称为风界；给种子成长空间的；称为空界；让种子发生变化的，称为时界。如果没有这些外缘，种子不会发芽；如果不缺少地界以及水、火、风、空、时界，则一切外缘和合，则种子就会发芽生长。地界这样想：我能包容种子；水界不这样想：我能滋润种子；火界不这样想：我能成就种子；风界不这样想：我能使种子增长；空界不这样想：我能给种子成长空间；时界不这样想：我能让种子发生变化；种子也不这样想：我是在各种外缘和合下而得以发芽生长。

虽然是借助各种外缘，种子得以发芽生长，但芽不由自己产生、不由外界产生、不由自身和外界产生。不由天产生，不随时间产生，不是自己的本质产生。不属于任何作者，是没有一个所谓的因而得以产生的。种子的作用是地、水、火、风、空、时各种条件和合下形成的。即十二因缘的法理中的外缘。

应当认知五种道理：不常、不断、不移转、因少果多、相互接续辗转生发。什么是不常？由于种子发芽变化的缘故，种子不再是种子而是芽了，不是坏的种子能生芽，发芽是种子变化而产生的。因为种子生成芽所以称为不常。什么是不断？由种子而生芽，并不是消失。而是种子变化和合而生，所以称为不断。不移转是说芽是种子变化而来的缘故。因少果多是说种子少但可以得到的果实多。相似相续是说如同随着种植而收获果实的那样。这十二因缘的法理中外缘的五种道理应当认知。

什么是十二因缘的法理？有两种因果关系，哪两种关系呢？一种关系属于因，第二种关系属于缘。十二因缘的内因产生现象形态，其关系属于因是为什么呢？所谓无明缘于行，乃至生缘于老死。如果没有无明就没有行，然而有了无明就会有行。以至于有十二因缘的老死和生。无明不这样想：我能生行；行也不这样想：我从无明而生；以至于生不这样想：我能产生老死。然而有无明即产生行，乃至于产生老。这就是十二因缘的法理中，其关系属于内因。十二因缘的法理，其关系属于外缘呢？就是上述六界和合而生稻谷的法理。

　　什么是六界和合呢？即所谓的地、水、火、风、空、识六界。各种外缘结合而生，其关系属于缘。什么是地界呢？如使人的身体聚合成为坚固的形体，就称为地界；什么是水界呢？使人的肉体变得柔软，就称为水界；什么是火界呢？使人的身体通过饮食产生热量，就称为火界；什么是风界呢？使人的身体中出入气息，就称为风界；什么是空界呢？使人的身体形成孔洞和间隙，就称为空界；什么是识界呢？使人的身体转化成现象形态如二束芦苇一样相互依存，人的眼、耳、鼻、舌、身这五识就会产生相应的烦恼即有漏，第六个意识就称为识界。如果没有六界则不能构成身体，如果不缺少地界以及水、火、风、空、识界，则一切外缘和合，就能产生人的身心。地界不这样想：我能使人的身体聚合成为坚固的形体；水界不这样想：我能使人的身体身变得柔软；火界不这样想：我能使人的身体通过饮食产生热量；风界不这样想：我能使人的身体出入气息；空界不这样想：我能使人的身体形成孔洞和间隙；识界也不这样想：我能使人的身体转化成现象形态如二束芦苇一样相互依存；身也不这样想：我是外缘和合而产生。虽然有各种外缘而产生了人的身心，但是地界从本质上看，无我、无人、无命、无寿者，无意识产生，无老叟幼童，无女子、无男子、无不是男也不是女、无所谓我，也无所谓水、火、风、空、识界。同样六界从本质上看都，无我、无人、无命、无寿者、无意识产生、无老叟幼童、无女子、无男子、无不是男也不是女、无所谓我，也无所谓六界。

　　什么是无明呢？在六界和合中，生起一个想法、和合的想法、常存的想法、坚固的想法、常不变的想法、快乐的想法、宁静的想法、众生的想法、生命的想法、长寿的想法、意识生生不息的想法、老叟幼童的想法、我的认知的想法，等等。这些各种无知的认识，就称为无明。有了这种无明的境界，就会产生贪、瞋、痴三种欲望。贪、瞋、痴产生就表现为人的行为。就会有各种设想，这就称之为意识。意识生于色、受、想、行四蕴，各种现象形态依于眼、耳、鼻、舌、身、意六根。则有眼根、耳根、鼻根、舌根、身根、意根。内六处与外六尘色、声、香、味、触、法相触而生眼识、耳识、鼻识、舌识、身识、意识六识。根、尘、识三法和合而生妄有之想，就称之为触。触产生受，受产生爱，爱欲的渴求称之为取，取又产生有，以有为因产生身心的五蕴，五蕴成熟完备称之为老，五蕴破坏就称为死。由于爱的迷惑、贪欲不得，产生烦恼，就称之为愁。追缅往事，悲音哀婉，就称之为叹。眼、耳、鼻、舌、身五识形成的身心，就称之为苦。心情不悦就称之为忧愁，随之产生的烦恼就称之为连绵不绝的烦恼。因此愚昧无知的本能就称之为无明，意念称为行，区分差别称为识，身心称为名色，依眼、耳、鼻、舌、身、意而称为六处。感触外境称为触，产生感情称为受，渴求爱恋称为爱，取得占有称为取，由取产生欲有、色有、无色有称为有，有能产生称为生，有生就有衰老称为老，有衰老就会死亡称为死。悲哀戚切称之为哀愁，惆怅无奈称为叹息，心意不悦称为忧郁，压迫身心称为痛苦，不称心如意称为烦恼。不修行真谛称为邪行，愚昧无知称为无明。有无明就有各种妄有。福德缘于行为和思考、非福非德缘于行为和思考、静寂不动缘于行为和思考，修福缘于行为和思考、无福缘于行为和思考，所以就称之为识。因此说无明缘于行，生起非福非德缘于行为和思考、无福缘于行为和思考，也就是识。因此说行缘于识，生起静寂不动缘于行为和思考，静寂不动缘于行为和思考，也是缘于识。所以说识缘于名色，名色产生于眼、耳、鼻、舌、身、意六处，因此说名色缘于六处。六处辗转生发，所以说六处缘于触。同样的道理触产生于受，所以说触缘于受。受产生于差别而生的喜悦，所以说受缘于爱。爱沉溺于享乐，所以爱使人不舍，孜孜以求，因此说爱缘于取。这样渴求的欲望，生生不已，形成身、口、意三业，所以说取缘于有。从身、口、意三业辗转生发，形成色、受、想、行、识五蕴流转，称为有缘于生。从生到衰老，称为生缘于老死。这就称为十二因缘。相互为因果，不常存、不产生，无思也无缘生，无尽法、无离欲法、无灭法。从无始来流转不断，如河水川流不息，如果因缘不间断，随着岁月流转就如河水流淌。这就是十二因缘辗转生发的道理，由四个因素和合而生互为因果。

是哪四个因素呢？所谓无明、爱、业、识，是以意识的种子这种特性为因，业力的特性为因，无明为因，爱欲形成烦恼的特性为因。无始以来的业力所具有的烦恼心识能生出种子，如同业力形成的心识成为种子生长的田地，爱欲的心识为种子，如肥沃温润的土地一样无明认识的种子就开始发芽。业力不这样认为：我为心识的种子当田地；爱欲也不认为：我给心识的种子温暖和滋润；无明不这样想：我使心识的种子发芽；心识的种子也不这样想：我从众缘和合而生。虽然心识的种子安身立命于业力流转中的烦恼，以爱欲温润。以无明的土地中产生各种心态的萌芽。但各种心态的萌芽，不自己产生、不由其他因素产生、也不是由两者共同产生。不是天成，不是时间变易而成。不从自己的本质特性生，不属于因，既无因也不生。妄有是从父母结合时相应而起，各种因缘相应相续而生。是由于心识的种子在母腹中，称为各种心识的萌芽产生。在无主体、无我的授受如幻相续和因缘和合的条件下，从五种因缘产生了眼识。

是哪五种因缘呢？眼、缘、色、明、虚空，在这些相互生发的作用下产生了眼识。眼识以形形色色的事物为缘，光亮照明虚空，使眼观从中没有阻碍，产生意念审度思虑。如果没有各种因缘和合，眼识就不会产生，如果没有眼根，虽有光亮照明虚空，则眼识并不产生。同理，眼、缘、色、明、虚空五种因缘不缺，则众缘和合就能产生眼识。眼睛不会想：我是眼识所依靠的；各种形态不会想：我是眼识之缘；光明不会想：我对眼识起了照亮之缘；虚空不会想：我为眼识提供了没有阻碍之缘；所产生的意念不会想：我对眼识起了审度思虑的作用；同样眼识不会想：我是众缘和合而生。虽然众缘和合而生眼识，其余的耳、鼻、舌、身四根，也应当如前面所叙述的一样。没有本质真实的现象形态，也不从此世移转到来世。有业力果报的现象，是由于因缘聚合的缘故。比如明镜显现人的相貌，人的相貌并不移转到镜子之中，而镜子中有人的相貌。这是由于因缘聚合的缘故。所以一切事物不从此处消失转移到彼处，有业力果报的感应，是由于因缘聚合的缘故。比如月亮与地球的距离（月球绕地球的轨道是椭圆形，最近约 36 万公里，最远约 40 万公里，平均约 38.44 万公里）。在盆中有水，就可以显现月影。而真实的月亮并没有落在盆中。至于月亮在水中显现，只是众缘和合显现的月影，并不是月亮从天上消失而产生于水中。这是有业力果报相感应，因缘聚合的缘故。比如无柴，火则不生，有柴则火生。意业烦恼所产生的心识种子，从无明处生相续，称为各种心态的萌芽辗转生发。所以无主体、无我、一切事物无所依据，相互为因缘如幻有形态，自己的现象形态只是因缘聚合的缘故。应当认知五种十二因缘产生一切现象形态的道理：不常、不断、不移转、因少果多、相互接续辗转生发。

什么是不常？从此处识蕴消亡，于彼处识蕴诞生。不是消亡识蕴，是彼处生识蕴。虽然这边识蕴消灭，在那边识蕴生起，所以不常。

什么是不断？识蕴不是先消灭，从而生起新的识蕴，也不是消灭了识蕴，而是随时而生你中有我，如秤既不是总是低也不是总是高，这就称为不断。

什么是不移转？如识蕴萌芽是由无明种子变化而来的，不是其他的异类生出的，称为不移转。

什么是因少果多？是指此身只作了一点善业或恶业，来生身心会得到更多的善果和恶报。

什么是相似相续？犹如现在身有了身、口、意三业，就会在来生受到果报，就是现世的因缘产生来世的法果。如实观想成就佛门的慧眼，长期修悟无众生、无我、不产生颠倒事物本质的认知、不生、不灭、无作、无为、无碍、无所缘、寂静、无畏、无夺、无尽，认识自我本质的空寂和不坚固长存，如病痛、如病痈红肿、并无常存的本质特性、痛苦的本质特性、虚空的本质特性、无我的本质特性，那么前世的际遇就不再辗转生发。

认为我过去曾经存在吗？我过去是谁呢？我过去为什么会存在呢？从而现世的际遇就会辗转生发。认为我未来会存在吗？我未来应当是谁呢？我未来为什么会存在呢？我未来不会存在吗？我未来不应当是谁呢？我未来为什么不会存在呢？这中间的际遇不会辗转生发，我现在存在吗？我今天应当是谁呢？

为什么有我今天的存在？我有情的此身死后往生到何处呢？这些都是所有婆罗门教的修行者在这世间中错误的见解，所谓关于我认识的妄有见解、关于众生的妄有见解、关于寿者的见解、关于人的妄有见解、关于希望吉祥的认识，等等。如果以正确的佛法看待人生，断除一切妄有心识证得佛陀的智慧。就如砍断无明之树的树根一样。佛陀殊胜的本自于无的本质特性就会证悟。在未来漫长的时光里，领悟不生不灭的境界。得以成就菩萨位，广行善法做利乐一切众生的事。

如果有男女信众，在修习本经中须臾之间，了悟真谛观察证悟了十二因缘的义理，随即就能顿灭无始以来所流转的极为深重的业障。广集福德，通达智慧，永远断除错误的见解，解说佛法无所畏惧。大德舍利弗尊者以及男女信众，接受了无上正确和智慧的教诲。德高望重的舍利弗，天龙八部诸天，以及好争之神阿修罗，听了弥勒菩萨解说的本经后，心中十分愉悦，深深地从心底生发出随喜功德。舍利弗从座位上起来，五体投地礼拜弥勒菩萨，心中欢喜，信奉修行。

这就是弥勒菩萨所说的《大乘缘生稻秆喻经》。

【辨析】

本篇是这本书中篇幅最长、义理最深、最难以理解的经文，以佛教的十二因缘的教义为论述中心。为了便于理解，作者采用了以此喻彼的论证方法上，为了强调无明这种认识上的无知是产生人生痛苦的根本，作者还运用了重喻的手法：如以稻种比喻无明；以稻种发芽比喻无明是产生妄心的根源；又以砍断树根比喻去除产生一切烦恼的根本原因无明，又以水中的月影比喻妄见。这样，就把十二因缘中因果关系最关键的起因无明凸显出来。阐明无明是人们过去、现在、将来三世中产生烦恼的根源，只有佛教的智慧才是利益一切众生的最高智慧，要解脱业力流转的束缚，就要正信佛陀的教义。

佛教的十二因缘学说尽管是最难理解的部分，但归纳起来仍有规律可循：

一是十二因缘的理论是建立在佛教信徒正信基础之上的，最重要的不是其中陈陈相因的因果关系，而是要建立对佛教教义的正确认识。

二是十二因缘的序列关系，不是一般的逻辑关系，既是由因到果，即从无明到老死的顺观，也称还观；也是由果求因，即从老死到无明的逆观，也称往观。是一种互为因果的逻辑关系。

三是十二因缘的理论核心是佛教的无常学说和无我论。难点在于佛教的主观认识与客观事物的关系，不是非此即彼的关系，而是相互依存、相互包含的如二束芦苇的关系。但从根本上看无论是"名色"与"识"，还是"五蕴"中的色、受、想、行、识，都是以"识"和"识蕴"为主导。

四是在十二因缘的十二支中，由过去二支因（无明、行），现在五支果（识、名色、六入、触、受），现在三支因（爱、取、有），未来二支果（生、老死），构成了过去、现在、未来三世，过去和现在一重因果，现在和未来两重因果的关系。

五十二

佛说旧城喻

【题解】

《佛说旧城喻经》，西天译经三藏朝奉大夫试光禄卿明教大师臣法贤奉诏译。本经与唐玄奘译《佛说缘起圣道经》、三国吴支谦译《佛说贝多树下思惟十二因缘经》同本异名。译者法贤，即天息灾，为北天竺迦湿弥罗国僧，生年不详。北宋太平兴国五年（980），与同父异母兄弟施护一同携梵本至汴京。太宗召见，并赐紫衣。后又赐天息灾为"明教大师"，此后他译经不辍。雍熙二年（985），天息灾任朝散大夫试鸿胪少卿，蒙帝诏改名法贤。真宗咸平三年八月去世，谥号"慧辩法师"。

本经前一部分论述十二佛陀以顺逆两种观法对十二因缘进行了详尽的解说。后一部分以寻找旧城的故事，阐发了继承前贤，证悟涅槃境界的喻理。

【经文】

如是我闻：

一时，佛在舍卫国祇树给孤独园与大众俱。

尔时佛告诸苾刍言："苾刍，我于往昔未证阿耨多罗三藐三菩提[1]时，独止一处，心生疑念：何因世间一切众生受轮回[2]苦？谓生老死，灭已复生。由彼众生不如实知，是故不能出离生老死苦。

"我今思念此老死苦，从何因有？复从何缘有此老死？作是念已，离诸攀缘定心观察。谛观察已乃如实知，今此老死，因生而有，复从生缘，而有老死。知此法已，又复思惟：

"生何因有？复以何缘有此生法？作是念已，离诸攀缘定心观察。谛观察已乃如实知，生因有起，复从有缘起此生法。知此法已，又复思惟：

"有因何起？复以何缘起此有法？作是念已，离诸攀缘定心观察。谛观察已乃如实知，有因取起，复从取缘起此有法。知此法已，又复思惟：

"取何因有？复从何缘有此取法？作是念已，离诸攀缘定心观察。谛观察已乃如实知，取因爱有，复从爱缘有此取法。知此法已，又复思惟：

"爱何因有？复以何缘有此爱法？作是念已，离诸攀缘定心观察。谛观察已乃如实知，爱因受有，复从受缘有此爱法。知此法已，又复思惟：

"受何因有？复以何缘有此受法？作是念已，离诸攀缘定心观察。谛观察已乃如实知，受因触有，复从触缘有此受法。知此法已，又复思惟：

"触何因有？复以何缘有此触法？作是念已，离诸攀缘定心观察。谛观察已乃如实知，触因六处有，复从六处缘有此触法。知此法已，又复思惟：

"今此六处何因而有？复从何缘有六处法？作是念已，离诸攀缘定心观察。谛观察已乃如实知，而彼六处因名色有，从名色缘有六处法。知此法已，又复思惟。

"今此名色何因而有。复从何缘有此名色。作是念已。离诸攀缘定心观察。谛观察已乃如实知。而彼名色因识而有。复从识缘有名色法。知此法已，又复思惟：

"识何因有？复以何缘有此识法？作是念已，离诸攀缘定心观察。谛观察已乃如实知，如是识法因名色有，从名色缘有此识法。唯此识缘能生诸行，由是名色缘识。识缘名色，名色缘六处，六处缘触，触缘受，受缘爱，爱缘取，取缘有，有缘生，生缘老死忧悲苦恼，是故一大苦蕴集。知此法已，又复思惟：

"以何因故得无老死？何法灭已得老死灭？作是念已，离诸攀缘定心观察。谛观察已乃如实知，若无生法即无老死，生法灭已老死亦灭。知此法已，又复思惟：

"何法若无生法得无？何法灭已生法得灭？作是念已，离诸攀缘定心观察。谛观察已乃如实知，若无有法即无生法，有法若灭生法亦灭。知此法已，又复思惟：

"何法若无有法不起？何法灭已有法得灭？作是念已，离诸攀缘定心观察。谛观察已乃如实知，若无取法有法即无，取法灭已有法亦灭。知此法已，又复思惟：

"何法若无取法得无，何法灭已取法得灭？作是念已，离诸攀缘定心观察。谛观察已乃如实知，若无爱法即无取法，爱法灭已取法亦灭。知此法已，又复思惟：

"何法若无得无爱法？何法灭已爱法得灭？作是念已，离诸攀缘定心观察。谛观察已乃如实知，受法若无爱法即无，受法灭已爱法亦灭。知此法已，又复思惟：

"何法若无受法得无？何法灭已受法得灭？作是念已，离诸攀缘定心观察。谛观察已乃如实知，触法若无受法即无，触法灭已受法亦灭。知此法已，又复思惟：

"何法若无触法即无？何法灭已触法得灭？作是念已，离诸攀缘定心观察。谛观察已乃如实知，六处若无触法得无，六处灭已触法亦灭。知此法已，又复思惟：

"何法若无六处得无？何法灭已六处亦灭？作是念已，离诸攀缘定心观察。谛观察已乃如实知，名色若无六处得无，名色灭已六处亦灭。知此法已，又复思惟：

"何法若无名色得无？何法灭已名色亦灭？作是念已，离诸攀缘定心观察。谛观察已乃如实知，识法若无名色即无，识法灭已名色亦灭。知此法已，又复思惟：

"何法若无识法得无？何法灭已识法亦灭？作是念已，离诸攀缘定心观察。谛观察已乃如实知，行法若无识法即无，行法若灭识法亦灭。知此法已，又复思惟：

"何法若无行法得无？何法灭已行法得灭？作是念已，离诸攀缘定心观察。谛观察已乃如实知，无明若无行法即无，无明灭已行法亦灭。

"由是无明灭则行灭，行灭则识灭，识灭则名色灭，名色灭则六处灭，六处灭则触灭，触灭则受灭，受灭则爱灭，爱灭则取灭，取灭则有灭，有灭则生灭，生灭则老死忧悲苦恼灭。由是一大苦蕴灭。一一了知如是法已，又复思惟：我今已履佛所行道，已被昔人所被之甲，已到昔人涅槃之城。"

佛复告言："诸苾刍，譬如有人欲远所诣。即履昔人所行之道，又被昔人所被之甲，乃寻昔人旧所都城。或行深山，或行旷野。行之不已，到彼旧城。其城广大，乃是往昔王之所都，而此都城严丽依然，池沼园苑皆悉殊好。人之见者，心无厌舍。

"是人见已，即自思惟：我今回还诣于本国，具以斯事上奏于王。既至本国，即奏王曰：'大王当知，我被昔人所被之甲，乃履昔人所行之道，或行深山，或行旷野。行之不已，到一旧城。其城广大，乃是往昔王之都聚，而彼城隍严丽依然，池沼园苑皆悉殊好。人所见者，心无厌舍。大王，宜应往彼都止。'王闻语已，即允所奏。乃与臣佐寻都彼城，而彼都城由王居止。转更严丽，人民炽盛，丰乐倍常。

"诸苾刍，我亦如是。履于诸佛旧所行道，被于诸佛所被旧甲，行诣诸佛涅槃旧城。

"诸苾刍，何谓旧道？何谓旧甲？何谓旧城？即是过去诸佛所行八正之道，所谓正见、正思惟、正语、正业、正命、正精进、正念、正定。

"诸苾刍，此八正道，是即旧道，是即旧甲，是即旧城。先佛所行，我亦履践。乃可得见彼老死集，是故我证得老死灭。乃至观见生、有、取、爱、受、触、六处、名色、识等皆灭。又观行集亦令行灭，行法灭已，无明亦灭。无明灭已，即无所观。是时我以自神通力，成等正觉。

"诸苾刍，我所宣说如是正法。汝等精勤，应如是学，应如是行。记念修习，成诸梵行，天上人间宣布法化，广为众生作大利益。乃至苾刍尼、优婆塞、优婆夷、婆罗门、外道尼乾子[3]等，亦应如是，修习宣布，广为众生作大利益。"

尔时世尊说是经已，一切大众闻佛所说，信受奉行。

佛说旧城喻经。

【注释】

[1] 阿耨多罗三藐三菩提：意为无上正等正觉，即认识一切真理的无上智慧。

[2] 轮回：即佛教的六道轮回理论。指欲界、色界、无色界三界中的六道众生，根据其生前所做的善和恶，死后分别投生的六种去处：人、天、阿修罗、地狱、饿鬼、畜生。所谓三界无安，六道轮回。其中人、天、阿修罗三种去处又称为三善道；地狱、饿鬼、畜生三种去处又称为三恶道。众生就是在六道，如轮回转，反复不止，故称。

[3] 外道尼乾子：早期佛教把古代印度佛教之外的一切思想学说，统称为外道。主要有六师外道，即古代印度其他六派宗教学说。佛教创立之后，称由六师衍生的思想学说为"六十二见"或

"九十六种外道"。尼乾子，六师外道之一的耆那教第二十四祖，为耆那教中兴祖师。尼乾子与佛陀同时在恒河流域传教，耆那教是世界最古老的宗教之一，至今在印度仍有数百万信众。

【译文】

佛陀解说涅槃城的比喻故事

我曾亲自聆听了佛陀的教诲。

在那个时候，佛陀住在舍卫国一座由给孤独长老买下并献给佛的、在先前王子的林园中建造的祇园精舍里，和僧众在一起。

这时，佛陀告诫弟子们说："出家修行者们，我从前未证悟一切真理的无上智慧时。独坐一处，心中观想：是什么原因使世间一切众生遭受六道轮回的苦难呢？是因为有生就会有老死，身心的业力又复而再生。由于众生不能如实认知本自清净之心，所以不能脱离生、老、病、死的苦难。

"我思考老死的苦难，是什么原因产生的呢？又是什么因缘有了老死？有了这样的心念后，远离各种攀缘，定念心止仔细观察。如实观察后认识到了这些问题的实质，今世的老死，是因为有了生，因为有了生之缘，从而有老死。明白这个道理后，又想：

"生是什么原因产生的呢？又是什么因缘有了生呢？有了这样的心念后，远离各种攀缘，定念心止仔细观察。如实观察后认识这些到了问题的实质，今世的生，是因为有了有，又因为有了有之缘，从而有了生。明白这个道理后，又想：

"是什么原因产生的呢？又是什么因缘有了有呢？有了这样的心念后，远离各种攀缘，定念心止仔细观察。如实观察后认识这些到了问题的实质，今世的有，是因为有了取，又因为有了取之缘，从而有了有。明白这个道理后，又想：

"取是什么原因产生的呢？又是什么因缘有了取呢？有了这样的心念后，远离各种攀缘，定念心止仔细观察。如实观察后认识到了这些问题的实质，今世的取，是因为有了爱，又因为有了爱之缘，从而有了取。明白这个道理后，又想：

"爱是什么原因产生的呢？又是什么因缘有了爱呢？有了这样的心念后，远离各种攀缘，定念心止仔细观察。如实观察后认识到了这些问题的实质，今世的爱，是因为有了受，又因为有了受之缘，从而有了爱。明白这个道理后，又想：

"受是什么原因产生的呢？又是什么因缘有了受呢？有了这样的心念后，远离各种攀缘，定念心止仔细观察。如实观察后认识到了这些问题的实质，今世的受，是因为有了触，又因为有了触之缘，从而有了受。明白这个道理后，又想：

"触是什么原因产生的呢？又是什么因缘有了触呢？有了这样的心念后，远离各种攀缘，定念心止仔细观察。如实观察后认识到了这些问题的实质，今世的触，是因为有了眼、耳、鼻、舌、身、意六处，又因为有了眼、耳、鼻、舌、身、意六处之缘，从而有了触。明白这个道理后，又想：

"眼、耳、鼻、舌、身、意六处是什么原因产生的呢？又是什么因缘有了眼、耳、鼻、舌、身、意六处呢？有了这样的心念后，远离各种攀缘，定念心止仔细观察。如实观察后认识到了这些问题的实质，今世的眼、耳、鼻、舌、身、意六处，是因为有了名色，又因为有了名色之缘，从而有了眼、耳、鼻、舌、身、意六处。明白这个道理后，又想：

"名色是什么原因产生的呢？又是什么因缘有了名色呢？有了这样的心念后，远离各种攀缘，定念心止仔细观察。如实观察后认识到了这些问题的实质，今世的名色，是因为有了识，又因为有了识之缘，从而有了名色。明白这个道理后，又想：

"识是什么原因产生的呢？又是什么因缘有了识呢？有了这样

的心念后，远离各种攀缘，定念心止仔细观察。如实观察后认识到了这些问题的实质，今世的识，是因为有了行，又因为有了行之缘，从而有了识。由于识缘能产生诸行，所以名色缘于识。反过来看，识缘于名色，名色缘于六处，六处缘于触，触缘于受，受缘于爱，爱缘于取，取缘于有，有缘于生，生缘于老死的悲忧苦恼，因此是一连串苦难的聚集。明白这个道理后，又想：

"有什么方法可以无老死？有什么方法可以灭除老死？有了这样的心念后，远离各种攀缘，定念心止仔细观察。如实观察后认识到了这些问题的实质，如果无生即无老死，生灭除后老死也灭除。明白这个道理后，又想：

"有什么方法可以无生？有什么方法可以灭除生呢？有了这样的心念后，远离各种攀缘，定念心止仔细观察。如实观察后认识到了这些问题的实质，如果无有即无生，有灭除后生也灭除。明白这个道理后，又想：

"有什么方法可以无有？有什么方法可以灭除有呢？有了这样的心念后，远离各种攀缘，定念心止仔细观察。如实观察后认识到了这些问题的实质，如果无取即无有，取灭除后有也灭除。明白这个道理后，又想：

"有什么方法可以无取？有什么方法可以灭除取呢？有了这样的心念后，远离各种攀缘，定念心止仔细观察。如实观察后认识到了这些问题的实质，如果无爱即无取，爱灭除后取也灭除。明白这个道理后，又想：

"有什么方法可以无爱？有什么方法可以灭除爱呢？有了这样的心念后，远离各种攀缘，定念心止仔细观察。如实观察后认识到了这些问题的实质，如果无受即无爱，受灭除后爱也灭除。明白这个道理后，又想：

"有什么方法可以无受？有什么方法可以灭除受呢？有了这样的心念后，远离各种攀缘，定念心止仔细观察。如实观察后认识到了这些问题的实质，如果无触即无受，触灭除后受也灭除。明白这个道理后，又想：

"有什么方法可以无触？有什么方法可以灭除触呢？有了这样的心念后，远离各种攀缘，定念心止仔细观察。如实观察后认识到了这些问题的实质，如果无六处即无触，六处灭除后触也灭除。明白这个道理后，又想：

"有什么方法可以无六处？有什么方法可以灭除六处呢？有了这样的心念后，远离各种攀缘，定念心止仔细观察。如实观察后认识到了这些问题的实质，如果无名色即无六处，名色灭除后六处也灭除。明白这个道理后，又想：

"有什么方法可以无名色？有什么方法可以灭除名色呢？有了这样的心念后，远离各种攀缘，定念心止仔细观察。如实观察后认识到了这些问题的实质，如果无识即无名色，识灭除后名色也灭除。明白这个道理后，又想：

"有什么方法可以无识？有什么方法可以灭除识呢？有了这样的心念后，远离各种攀缘定，念心止仔细观察。如实观察后认识到了这些问题的实质，如果无行即无识，行灭除后识也灭除。明白这个道理后，又想：

"有什么方法可以无行？有什么方法可以灭除行呢？有了这样的心念后，远离各种攀缘，定念心止仔细观察。如实观察后认识到了这些问题的实质，如果没有无明即无行，无明灭除后行也灭除。

"由此无明灭除则行灭除，行灭除则识灭除，识灭除则名色灭除，名色灭除则六处灭除，六处灭除则触灭除，触灭除则受灭除，受灭除则爱灭除，爱灭除则取灭除，取灭除则有灭除，有灭除则生灭除，生灭除则老死的悲伤和忧愁苦恼灭除。由此人生所有的苦难灭除。在逐一认识了十二因缘的道理后，又想：我今天已经履行了佛所有的成就，好比已经穿上了前人所穿的铠甲，已经到达了前世佛所在的涅槃之城。"

　　佛陀又告诫大家说："各位出家修行者，比如有人要远行。要沿着前人所行走的道路，再穿上前人所穿的铠甲，去寻找前人的故都。他经过了深山，经过了旷野。他不断前行，来到了那座旧城。旧城面积广大，是以前国王的故都，都城现在依然庄严美丽，园林池苑都十分完好。看见的人，心中无比留恋。

　　"这个人看见这些后，随即心想：我现在返回到自己的国家，把这里的情况上奏给国王。回到自己的国家后，立即启奏国王：'国王您应当知道，我穿上前人所穿的铠甲，沿着前人所行走的道路，经过了深山，经过了旷野。一直前行，来到了那座旧城。这旧城面积广大，是以前国王的故都，都城现在依然庄严美丽，园林池苑都十分完好。看见了的人，心中无比留恋。国王，我们应当迁往故都。'国王听了他的话后，当即准奏。就与大臣们一起来到那座都城，并且居住在都城。这座都城很快就变得更加庄严美丽，人民安居乐业，生活非常愉快。

　　"各位出家修行者，我也是如此。步履维艰地行走于过去佛所行走的旧道上，穿着过去佛所穿着的旧袈裟，步行到过去佛涅槃的旧城。

　　"各位出家修行者，什么是旧道？什么是旧甲？什么是旧城呢？就是过去佛所修行的八种正确的方法，即正确的见解、正确的思维、正确的话语、正确的业缘、正确的宿命、正确的精勤勇进、正确的信念、正确的禅定。

　　"各位出家修行者，这八种正确的方法，就是旧道，就是旧甲，就是旧城。是过去佛所修行的，我也履行亲践。这样才可以证得和解脱老死带来的苦难，所以我证得了灭除老死的真谛。乃至禅观而认识了生、有、取、爱、受、触、六处、名色、识等都灭除的义理。又进而禅观行的作用，使行也灭除，行灭除后，无明也灭除，无明灭除后，也就一无所观。这时我以自证的神通之力，成就了无上平等正确的觉悟和智慧。

"各位出家修行者，我所宣讲解说的是正确的佛法。你们要精勤勇进，应当像我一样修学，应当像我一样践行。反复禅观修习，成就修行，在天上和人间宣传流布佛法，教化和利益广大众生。乃至于出家修行的女教徒、在家修行男女的信众、婆罗门僧侣、耆那教的尼乾子等，也应进行教化，修习教义广为宣传，利益一切众生。"

这时受世人尊敬的佛陀解说本经后，一切听了佛陀所解说教义的僧众，都信奉修行。

这就是佛陀所说的《旧城喻经》。

【辨析】

本经的前半部分，佛陀采用往观即由果求因的顺序，从老死到无明，依次论述了产生人间痛苦的原因，指出只有灭除了无明，才能灭除人间的一切苦难。其义理可以与《稻秆经》互为参照。

后半部分先以旧道、旧甲、旧城比喻"八正道"即八种正确的修行方法，再以"旧城"喻指佛教修行所要达到的最终目标即"涅槃"。进而隐喻佛陀是人间的探路人，不惧山高路远；佛教的四谛、八正道、十二因缘学说是引导众生脱离一切人生苦难的真谛。

本篇章法结构，独具一格。一开篇，就以蝉联式的手法一连提出了二十二个问题，首尾相续，环环相因。这种铺排推衍的方式，把佛陀教义的系统性、具体化的鲜明特征表现得淋漓尽致。其论述的严谨、气势的磅礴，如长江大河扑面而来，给读者留下了深刻印象。

在佛陀讲述了"旧城"的比喻故事之后，又一口气连续五次呼唤"苾刍"和"苾刍尼"，充分展现出佛陀殷切的期望，语重心长的谆谆教诲。其情感之充沛、胸怀之宏大、奉献之真诚，使人感受到一位人生真谛探索者所具有的诚笃信仰以及伟大人格的感召力量。

五十三

二 王 喻

【题解】

《天尊说阿育王譬喻经》是《大正藏》史传部中的一卷比喻经，共十三篇，以下依目次收入本书，每个故事的题目由笔者根据文义命名。

天尊，意为天、人共尊的佛陀。阿育王（约公元前304—前232），是印度历史上最负盛名的君王，大力推广佛教，并将佛教奉为国教。本经汉译于东晋，译者不详。

本篇通过阿育王和龙王比较功德大小的故事，表达出护法如护子的喻理。

【经文】

昔有大国王，字名阿育，统领诸国，莫不臣属。大王聪明，智慧无量，教问诸臣："天下颇有不属我者不？"诸臣对曰："天下尽属大王，无不弭伏。"中有一智臣对曰："王界内不属王者，海中有龙王不属大王。初不遣信，亦无贡献。是以知不属大王，王可试之。"

千乘万骑，捶钟鸣鼓，旌旗护怜前后到海边。龙王静然不出，王便呼言："汝在我界内，所由不出？"亦寂然不对王。王便问智臣："何由使龙王得出？"智臣对曰："可使出耳。龙王福德甚大，以是不肯归服。大王若不信臣语者，等称二斤金铸作二像。一作王像，一作龙王像。"复取秤之。龙王像重，大王像轻。是以知龙王福德多，大王福德少。王心甚解，欢喜无量。告天下侍养孤老，周穷济乏，所在郡县兴立天尊祠，及置天尊舍利供养众。

三年之中，复取龙像王像秤之。龙像便轻，王像便重。智臣白王："龙可伏矣。便设卤簿[1]如前，后复到海边。龙王化作年少婆罗门，于王前长跪问讯起居。贡献海中所有珍宝奇好宝，自称臣妾，率土之民无不欢喜。

别在经文，以示后世人：天下多力无过福德，人护经法如母护子，岂不可思之。

【注释】

[1] 卤簿：指阿育王扈从的仪仗队。

【译文】

阿育王和龙王比功德的喻理

从前有一个大国的国王，名叫阿育王，统一了国家，四周的小国都俯首称臣。阿育王极富聪明才智，一天他问大臣们说："天下还有不臣属于我的吗？"大臣回答说："天下都臣属于大王，没有不服从的。"其中有一位聪明的大臣对阿育王说："在国王疆界内，海中的龙王不臣属于大王。一开始就没有派遣使臣，也不进贡献礼。所以知道不臣属于大王，国王可以试一试龙王的态度。"

阿育王就率领着千乘万骑，擂鼓鸣钟，前后旌旗簇拥来到海边。海上一片宁静，龙王没有现出身来，默然以待。阿育王便呼喊："你在我的疆界之内，为什么不出来迎接？"海面仍然一片宁静，龙王不作回答。阿育王便问那位聪明的大臣："如何能使龙王现出身来呢？"聪明的大臣回答说："可以使龙王出来。但由于龙王福德很大，所以不肯归顺和服从。大王如果不相信我说的，可以用重量相同的两斤金子铸成两座金像。一座是国王的像，一座是龙王的像。"像做成后，阿育王取秤来称。结果龙王的像重，阿育王的像轻。所以知道龙王的福德多，阿育王的福德少。阿育王明白其中的道理，内心十分欢喜。他告示天下要服侍养育鳏寡老人，周济穷困人家，在所管辖的区域建立佛寺，放置佛舍利，供养众僧。

这样不到三年，又取来龙王像和阿育王像称重量。龙王像轻了，阿育王像重了。这时聪明的大臣对阿育王说："龙王可以降伏了。"便如先前一样设立了仪仗队，随后又来到海边。龙王变成一位年青的婆罗门，在阿育王面前跪拜施礼问候起居，向阿育王进贡，献上海中所有的奇珍异宝，俯首称臣，全国的百姓无不为之欢欣鼓舞。

把阿育王和龙王的故事记在经文之中，用以昭示后人：天下无论怎样强大的力量也无法超过福德，所以人们爱护佛法应该如同母亲爱护子女一样，又怎能不认真思考这样的道理呢？

【辨析】

本篇虽与《杂譬喻经》中的第十八篇"作功德降龙喻"在情节上有雷同之处，但比其描述得更为细致完整。故事通过阿育王以德战胜龙王，喻指决定战争胜负的因素，不在武力，而在于功德的大小。这种认识是有价值的，所谓功德自在人心。

在表现手法上运用了所谓的"量化"方式。本来，功德的大小是抽象的、无形的。作者通过铸造金像，不仅化无形为有形，而且还赋予功德以重量，以金像的重量体现功德的大小，给人以可感可知，可触可摸之感，的确新颖独特。

　　此外，"称重"过程中的重量变化，以一方的与日俱增，反衬另一方的与日递减，这种逐层递进的比较，使故事的喻义表达得更加明确。

五十四

交 友 喻

【题解】

本文用气味的香与臭，比喻朋友的贤与恶，提出了谨慎择友的主张。

【经文】

昔天尊在世时，将诸弟子教化群生。见地有一纸，弟子阿难辄便取之。天尊告阿难放地，阿难即便放地，手便大香。小复前行，见飘风吹草在地，阿难复取。天尊语阿难放地，手便臭。阿难未解，须臾前到精舍，当问此意。

阿难白世尊："何缘捉纸而手香？捉草令手臭？"天尊语阿难："纸本从香地来，香着纸，是以使汝手香；草从臭地来故，是以使汝手臭。与贤相近如香着纸，与恶人相近如臭着草。"是以经言：近贤成智，近愚益惑。"损我者三，益我者三[1]。"此之谓不可不慎。

【注释】

[1] 损我者三，益我者三：《论语》季氏篇云："益者三友，

损者三友。友直，友谅，友多闻，益矣；友便辟，友善柔，友便佞，损矣。"

【译文】

交朋友的比喻故事

从前佛陀在世时，带领弟子们去教化众生。看见地上有一张纸，弟子阿难便去捡了起来。佛陀叫阿难把纸放到地上，阿难就把纸放到了地上，手上便留下了浓郁的香味。阿难又向前走了一会儿，看见风把草吹在地上，又前去捡起来。佛陀叫阿难把草放到地上，手上便留下了臭味。阿难不知道为什么会这样，很快回到寺庙后，就问佛陀让他放下纸和草的用意。

阿难向受世人尊敬的佛陀问道："是什么原因拿纸而手留余香？拿草却手有臭味呢？"佛陀对阿难说："纸从香的地方而来，香味附着在纸上，所以拿了后使你手留余香；草从臭的地方飘来，所以拿了后使你手有臭味。和贤明的人接近交往犹如香味附着在纸上，和恶人接近交往犹如臭味附着在草上。"所以佛经说：接近圣贤成就智慧，接近愚昧越发困惑。"损我者三，益我者三。"所谓有害于我的人有三种：即走邪路、巧言令色、进谗言的人；有益于我的人有三种：坦诚、包容、博学的人。交朋友不可以不慎重。

【辨析】

本文以气味香和臭的对比，说明"与贤相近如香着纸，与恶人相近如臭着草"的道理。通过人嗅觉的强烈感受将主题表现得异常鲜明突出，给人以深刻印象。

其实，近朱者赤，近墨者黑的常理人尽皆知，正如唐代诗僧贾岛所云："君子忌苟合，择交如择师。"在人的一生中，会结识各类朋友。共同学习、相互切磋的学友；修习佛法，提携勉励的道友；忠言相告的诤友；有难同当的难友，等等。交友有三点要注意：

一要有诚心，相互信任坦诚以待，所谓：浇树要浇根，交友要交心。

二要有宽以待人之心，所谓：金无足赤，人无完人。

三要有守恒不变之心，所谓：穷达本为身外事，升沉不改故人心。如一代蜀相诸葛亮所云："士之相知，温不增华，寒不改叶。"

我们每个人都需要朋友。然而，朋友难得，益友尤其难得，人生得一知己足矣！可见朋友的重要。以德相交，才能广交益友。当然还要能够既结交新朋，也不忘老友。

五十五

浮 石 喻

【题解】

本篇以神奇的想象，将得遇善知识比作结善缘，以阐述明师的重要。

【经文】

昔天尊将诸弟子至江边，天尊语弟子："取如拳许石掷着水中，为浮为没？"弟子对曰："石没在水底。"天尊言："无有缘故。"复次有一石辟方三尺，著于水上，经便渡河，石亦不湿，云何得尔？诸弟子未解，佥然[1]怪之。

诸弟子长跪白佛言："何缘如此？"天尊言："有善缘故耳。""何者为缘船？"是天尊借为喻："与善师相值者，得免众苦；与恶师相值者，则习恶事不离众祸。"示语后世之人，不可不慎。

【注释】

[1] 佥（qiān）然：佥，都，皆。佥然怪之，大家都感到很奇怪。

【译文】

大石浮在水上的喻理

从前佛陀带领弟子们来到江边，佛陀问弟子："拿如拳头般大小的石头投在水中，是浮起来还是沉下去？"弟子回答说："石头会沉没在水底。"佛陀说："这是由于你们没有缘看到的缘故。"又有一次，一块三尺见方的石块，浮于水上，漂漂而行，石头没有被水没过，为什么会这样呢？弟子们不能了解其中的原因，都感到很奇怪。

弟子跪拜佛陀说："是什么原因使其如此呢？"佛陀回答说："是因为有善缘的缘故。"弟子又问："什么人能以善缘为船呢？"这时佛陀借以为喻说："能和善知识相遇的人，可以免除苦难；和邪恶的六师外道相遇的人，就会修习恶事不能脱离殃祸。"佛陀用这样的话语告诫后世之人，与人相交不可以不慎重。

【辨析】

弟子们以习以为常的、且符合常理的"石沉大海"之所见，当然无法理解佛陀所说的石能浮在水面的道理。然而佛陀对弟子疑惑的解答却耐人寻味："无有缘故。"即没有见到并非不存在，只是还没有缘见到而已。当有一天弟子们看见水面漂浮的石头"佥然怪之"时，佛陀则以"有善缘故耳"来解说得遇善知识的难得。故事巧妙地运用了"有"与"无"的对比，使人倍感"有缘"和"无缘"的差别。"有善缘"，多了一个"善"字，使经文的义理更加深邃，起到了递进的作用。

其实，石浮水上，虽然极其罕见，但仍然能够见到。天然的浮石，由岩浆凝成的是一种海绵状的岩石。我国吉林省长白山天池附近就有这种浮石。其多孔而质轻，形状奇特，能浮于水面，可雕琢加工，是制作盆景的山石之一。

因此，所谓善缘，就是要具有观察事物、认识事物的能力。只有认识了事物的本质，掌握了事物的特性才能因势利导，为我所用。

五十六

得宝斧喻

【题解】

本文把宝斧与名师联系起来，以得宝斧不如得名师阐述度脱人生苦难的喻理。

【经文】

昔有穷寒孤独老公，无以自业。遇市得一斧，是众宝之英，而不识之。持行斫杖卖之，以供微命，用斧欲尽。

见外国治生大贾客，名曰萨薄。见斧识之，便问老公："卖此斧不？"老公言："我仰此斧斫杖生活，不卖也。"萨薄复言："与公绢百匹，何以不卖？"公谓调己，亦不应和。萨薄复言："何以不见应和？与公二百匹。"公便怅然不乐。萨薄复言："嫌少当益，公何以不乐？与公五百匹。"公便大啼哭言："我不恨绢少，我愚痴。此斧长尺半，斫地已尽。余有五寸，犹得五百匹。是以为恨耳。"萨薄复言："勿复遗恨，今与公千匹。"即便破券持去。

此斧众宝之英耳。萨薄不问多少以斧着上，薪火烧之尽成贵宝。天尊借以为喻："以受人身六情[1]完具，聪智、辩达。当就明师，以求度世之道，神通可及。"而俗着不别真伪者，耕犁因放时世取驱，至于老死复当受罪。喻如老公用宝斧尽，岂不误哉。

【注释】

[1] 六情：指六根生发的妄有。佛教以眼、耳、鼻、舌、身、意六根皆有情识，故称。汉语中把喜、怒、哀、乐、爱、恶称为六情。

【译文】

得到宝斧的比喻故事

从前有一位贫穷孤独的老翁，没有自己的家业。他在集市上得到一把斧子，是宝中之宝，但他却并不知道，每天用斧头砍柴然后到集市上去卖，以此维持生计，一直使用斧子快要损耗完了。

有一位在国外做生意的大商人，名叫萨薄。一看见斧子就知道这是个宝物，便问老翁说："您这斧子卖不？"老翁回答说："我靠这斧子砍柴维持生活，不卖。"萨薄又说："我给您绸缎一百匹，为什么不卖呢？"老翁以为商人是和自己开玩笑，也就不再回答。萨薄又说："为什么不见您回答呢？我拿二百匹绸缎和您交换。"老翁听完便惆怅而叹，闷闷不乐。萨薄又说："如果嫌少还可以再添，您为何闷闷不乐呢？我给您五百匹绸缎交换。"老翁听后便大声啼哭着说："我不恨绸缎少，只恨我自己愚昧。这斧子原有一尺半长，砍柴损耗已尽。现在只剩五寸长了，竟然还可以换得五百匹绸缎。我是因为这个才悔恨。"大商人萨薄听后，又说："不要再悔恨了，今天我给你一千匹绸缎交换。"随即便以财物和老翁交易，然后拿着斧子而去。

这斧子是宝中之宝。萨薄拿回后，不论多少东西只要放在斧子上，用柴火烧后都能变成珍贵的宝物。佛陀借此为喻："所以说人身体健康，聪明睿智，明辨通达，就应当拜佛教高僧为师，以寻求度脱世间苦难的道路，可以证得神通。"而世俗者不能辨别真伪，只会耕地犁田因而被世俗所驱动，直到老死还会遭受苦难。比如老翁会把宝斧用尽的道理一样，这岂不是太错误了。

【辨析】

故事中的老翁手中握有宝中之宝，却不识其宝，饱受贫困煎熬，艰苦度日。以老翁比喻世俗之人，在生活的重压下一生只知耕地犁田，直到老死也未能摆脱苦难的境遇。从而说明不认识人生真谛，为名利驱动了一世的人是悲惨的，也暗喻世人的无知造成了自身的苦难，如同有绝世之宝却不识货的老翁一样。

这样就把"宝斧"比喻为"六情完具，聪智，辩达"的人；把识宝的商人萨薄比喻为"明师"；把佛教义理比喻为"度世之道"。老翁如果遇不上萨薄，就会"用斧欲尽"，一直贫苦下去；世人如果遇不到明师，就会为"时世取驱"，"老死复当受罪"。从而揭示出只有佛理才会度众生于苦难的喻理。

五十七

鹦鹉救火喻

【题解】

本文以一羽之水可救山火，比喻真诚信佛可感天地。

【经文】

昔陇上一鸟，字为鹦鹉[1]，展转及得在东太山。诸禽兽飞鸟，莫不敬爱。以其在远来故，比作亲友，甚相爱乐。春月野火所烧，便行入水。飞在火上，抖擞毛羽之水，救亲友难。往返非一。

悲鸣！大吁鹦鹉之水，岂能灭火？至诚感天，为之降雨，火即时得灭。天尊经借以为喻：贤者以道士远到，研精行道。减割身口，侵妻子分，供养众僧。虽无神通感动，亦以至诚烧香求灭。挟诸礼起，获福无量。喻如天雨，众灾悉灭。

【注释】

[1] 鹦鹉：飞禽，种类繁多，有358种，分布在世界各地，是鸟类最大的科之一。

【译文】

鹦鹉救火的比喻故事

从前，在荒芜的高原上有一只鸟，名叫鹦鹉。小鸟鹦鹉辗转飞到东面的大山，各种飞禽走兽对它十分尊敬和喜爱。由于鹦鹉来自远方的缘故，大家都把鹦鹉比作亲戚和朋友，相亲相爱，十分快乐。但是，春天的野火漫山遍野地烧了起来，鹦鹉便飞到水边取水，再飞到火上，抖落羽毛之水，想要救亲友们脱离灾难，就这样不断地往返取水，以灭山火。

多么悲哀呀！感慨的是鹦鹉这点水，又怎能灭火呢？然而鹦鹉的至诚感动了苍天，天降大雨，野火被熄灭。佛经借此为喻：贤明的人因为出家修行者从远方到来，精研佛理，就减少口粮，减少妻子儿女的分量，来供养众僧。虽然没有神通，也能感动神明。以其至诚之心烧香祈求灭除苦难，礼敬僧众，会获得无量福德。比喻心诚如天上下的及时雨，众生灵的灾难也会灭除。

【辨析】

对于和本文"鹦鹉救火"这样义理相通的寓言故事，我们都耳熟能详，如"精卫填海"、"愚公移山"、"磨杵成针"等，这些故事的理趣在于"以小见大"，鼓励人们持之以恒、不言放弃、坚持到底、天从人愿。给人们以启发，增加人们战胜困难的勇气和力量。

但本文的意趣却要远远高于这些寓言故事。首先，故事中的主人公"鹦鹉"救火，是一种舍身救人的牺牲精神，这里没有自我的私欲，而是为了如同亲友的众生；为了那份真诚接纳自己的"感恩"和报答。所谓滴水之恩，当涌泉相报。因此，"鹦鹉救火"，喻理颇深。

　　故事以鹦鹉比喻佛陀的奉献精神，同喻历史上那些不远万里，来到异国他乡传播佛教思想的高僧大德；羽毛上的点滴之水，比喻佛经上的一字一句，虽然看似微不足道，但可以感天地，泣鬼神。野火比喻人生无常，天灾人祸本不由人；天降大雨，比喻法雨甘霖，解救众生的苦难。

　　本文的立意高远，义理深刻，充满了一种"知其不可而为之"的献身精神，反映出佛教无缘大慈、同体大悲，利益一切众生的高尚情怀，如高山仰止，表现出佛教所具有的神圣性、超越性特征。

五十八

五谷之神喻

【题解】

本篇以富人的"失谷"和"得金",说明了家中财富再多,不如积善修德的喻理,告诫人们只有合理地支配财富,才能体现财富的真正价值。

【经文】

昔有大长者财富无量,窖[1]谷千斛,后出之不见谷。见一小儿,可年三岁,亦不知语。长者亦不知字名何物,举门前大道边,陌上[2]行人尚有识者。

舍东有一车来,乘驾黄牛,人着黄衣,从人皆黄。过见小儿便言:"谷贼何以坐此?"是儿五谷之神。语长者:"持锹、斧来,我语君一盆金处。"适始行过者是金神。"顺陌西去得道南回,行二百步,道西当有朽故树。其下有瓮,有十斛金。君往掘取,可以还君谷直。"长者即随小儿教,得此治家,足成大富。

佛经借以为喻:供养众僧,广设檀会。交有所费,喻以失谷;道士讲经说义,教人远恶就善,后获福无量,乃可至道,喻如得金瓮。示语后世人,福德不可不作,后悔无及。

【注释】

[1] 窖（jiào）：收藏东西的洞、穴。

[2] 陌上：即田间小路。南北方向的叫做"阡"，东西走向的叫做"陌"。

【译文】

谷神的比喻故事

从前，有一位德高望重的长者十分富有，地窖里储藏的稻谷有万斗。后来想取稻谷时却不见了。只看见一个小孩儿，还不满三岁，也不会说话。富有的长者也不知道孩子的名字，孩子坐在他家门前的大路边，长者希望路上来往的行人中有认识孩子的人。

这时长者家东面来了一辆牛车，拉车的是黄牛，驾车的人也穿着黄色的衣服，随从的人也全都身穿黄色的衣服。经过时看见了小孩儿，便说："盗窃稻谷的贼怎么坐在这里？"这个小孩儿是五谷之神。驾车的人对长者说："请您拿上铁锹、斧子跟我来，我告诉您藏了一盆金子的地方。"这位驾车经过的人是金神。他对长者说："顺着路西走到路口往南拐，再往前走二百步，在道路的西侧有一棵枯朽的老树，树下埋着一口瓮，瓮中有一百斗金子。您前去挖取，它可以抵得上您稻谷的价值。"长者即按照金神所说的得到了金子。以此置办家业，成为大富之家。

佛经借此为喻：供养众僧，广设坛场和举行法会，拿出供养僧众所需的费用，比喻失去的稻谷；佛弟子宣讲佛经解说义理，教人远离邪恶广做善行，以后获得无量的福报，以至于证悟佛果，这比喻如同得到一瓮金子。故事用以启示后人，不可不修福积德，否则就悔之莫及了。

【辨析】

故事以稻谷被谷神拿走，来比喻富人应该施舍；以得到金子，比喻接受佛法。从而说明财富的价值在于施舍，而不能囤积，否则财富就会被所谓水、火、盗、败家子、官府五家攫取。只有佛教的般若七财即信财、戒财、惭财、愧财、闻财、舍财、慧财，才是千金不易的无量功德。

本文还塑造了两位神灵的形象。谷神是民间信仰之神，也是生养之神，故事中的这个形象是由一位一言不发的小孩子来充当的。虽"不知语"，却使得：地窖万斗谷，悄然皆成空。也暗喻"谷贼"的身份。说明财富宜散不宜聚。金神的形象则采用了色彩和形象描绘，黄牛以及人皆穿黄衣，给人满目金黄的视觉感受。

此外，还有一个精彩的细节："顺陌西去得道南回。行二百步，道西当有朽故树。其下有瓮，有十斛金"，这种描述不仅增强了文章的真实感，而且调动了人的多重感受。如画面感：一棵老树；方位感：往西走、向南拐、前行二百步、树下；神秘感：一口瓮；惊喜感：百斗金。的确生动形象，令人赞叹。

五十九

智　慧　喻

【题解】

本篇通过以金子换真言的故事，阐明了"谚语一言之助，胜千金之益"的道理。

【经文】

昔有国丰盛，安乐无所渴乏。便语大臣："遣一可使之臣，至于他国市吾所无者市来。"即遣一人往至他国，益将珍宝，遍市肆[1]观看，无有余物，尽是我国中所有耳。

最后见一贤者，空坐肆上。便问之言："不见君有所卖，何以空坐？"答言："在此卖智慧耳。"问曰："君智何像，卖索几许？"答言："吾智慧直五百两金，前称尔金，吾当与汝说之耳。"远人便自念："我国中无卖智慧与人。"便秤五百两金与其人，即与说智慧之言，二十字言："长虑谛思惟，不当卒行怒。今日虽不用，会当有用时。"于是受诵，令利各自还家。

臣买得智慧之言，即便还国。道径其家，夜入明月，妇床前有两履。疑有异人，便生恶念。其妇卒得疾病，母往宿。视长者故，说智慧之言未休。其母惊觉："儿尔来归耶。"儿便走出户呼：

"贱、贱。"母问其言："云何汝行，为得何物，何以呼贱？"儿言："我母以妇万两金犹不与人，正顾五百两金，岂非贱耶？"

天尊经借以为喻：谚语一言之助，胜千金之益。此之谓也。

【注释】

[1] 市肆：市，集市。肆，店铺。市肆，集市上的店铺。

【译文】

买智慧的比喻故事

从前，有一个国家物产丰富，人民安居乐业，物资无所匮乏。国王便对大臣说："派遣一位可以信赖的使臣，到其他国家的市场上把我们所没有的东西买来。"随即派遣了一人前往其他国家，去买本国没有的奇珍异宝。这人走遍了市场上的所有店铺，没有看见什么稀罕物品，市场上的货物自己国家全都有。

最后使臣看见有一位贤达之人，空手坐在店铺里。便上前问道："看不见您有什么东西要卖，为什么空手坐在这里呢？"这人回答说："我在这里卖智慧。"使臣便问："您的智慧是什么样子，卖多少钱呢？"这人回答说："我的智慧价值五百两金子，你把金子称好给我后，我就会告诉你。"远方来的使臣心想："我们国家没有卖智慧给别人的。"便称好了五百两金子给了他，这人当即告诉了他智慧真言，这二十字的真言是："常观悟真谛，不率性瞋怒。今日虽不用，必会有用时。"于是使臣领受并背诵了真言，然后买卖双方各自回去了。

使臣买到了智慧真言，随即回国。途中路过他家时，正值夜半，明月高悬，他看见妻子的床前有两双鞋。他怀疑妻子有情人，便心生罪恶的念头。其实是他的妻子突然得了疾病，他的母亲来这里陪宿。使者来到床前，仔细一看原来是他母亲，嘴里便连连念起智慧真言"常观悟真谛，不率性瞋怒。今日虽不用，必会有用时。"母亲被惊醒后说："儿子你回来啦？"儿子便走出户外直呼道："便宜，真便宜。"母亲问他："你到哪里去了？为了得到什么东西？为什么一直说便宜呢？"儿子感慨地说："我母亲和妻子一万两金子也买不来，真谛才卖五百两金子，这不是太便宜了吗？"

佛经借此为喻：真谛一言之助，胜于千金之利。这个故事说的正是这个道理。

【辨析】

用金子买真言，乍一看使人觉得荒诞不经。但故事情节的发展却让我们打消了疑惑。在月光下，丈夫看到妻子床前有两双鞋，不由得怒从心中起，恶向胆边生。正所谓卧榻之前，岂容他人鼾睡？"不率性瞋怒"，这刚买的真言，让他冷静了下来，想先看看清楚再说。当他看到真相顿时感到万般庆幸。"瞋怒"差一点令其酿成不可追悔的惨剧。二十字的真言的确让这位使臣受益匪浅。避免了由于误解、冲动带来的恶果。这样看来，佛家"戒瞋"的真言，卖得还真是便宜。人常讲：好话出口三冬暖，恶语出唇六月寒。佛言重于金的喻理也就表露无遗了。

六十

蛤蟆听经喻

【题解】

本文以蛤蟆闻经死后升天的故事，比喻闻听佛法所带来的无量福报。

【经文】

昔天尊在洹水边，广说经法。时天龙鬼神，帝王人民，飞鸟走兽，皆来听法。

时有放牛老公拄杖而听，不觉杖下有虾蟆[1]。虾蟆听经意美，亦不觉背上有杖，遂久虾蟆命终。其神即生天上，用天眼观其本，从何道中来？乃见故身，在虾蟆中，来天华散其故身上。

示语后世人：虾蟆中听经意美，得生天上。况于贤者，至心听经，岂不巍巍乎？

【注释】

[1] 虾蟆：为蛙科动物的统称。其皮、脑髓、肝、胆、幼体皆可入中药，具有清热解毒，健脾消积，以及治疗痈肿疮毒之功效。

【译文】

蛤蟆听经升天的喻理

从前佛陀在恒河两岸，广为解说佛经法义。这时天龙八部，大力鬼神，人间的国王和人民，以及飞禽走兽，都来聆听佛法。

当时有一位放牛的老翁拄着手杖听佛陀讲经，不小心手杖压住了一只蛤蟆。由于蛤蟆听佛讲经十分专注，竟然也没有感觉到背上的手杖，结果，不久蛤蟆就被压死了。蛤蟆的业识即往生到天上变成了天神，天神用天眼通观察自己，想知道自己是从何处投生而来，他看见了自己的前生，身处蛤蟆之中，就用天花撒在自己已死的躯身上。

故事用以启示后人：蛤蟆十分专注地听佛讲经，死后尚且能够得以往生天上，更何况贤明的人呢？一心听佛经，难道不会成就无上智慧的佛果吗？

【辨析】

本篇篇幅虽短，但想象丰富，意境开阔。佛陀说法，"天龙鬼神，帝王人民，飞鸟走兽，皆来听法"，包括放牧的老翁、地上的蛤蟆都被他深深吸引。以所有生灵前来听法，比喻佛教深入人心，并借以说明在充满苦难的世间，只有佛教才能给生灵以安慰。连"癞蛤蟆"都可以升天，那么被视为"下愚"的卑贱者，当然也可以上天堂。这在今天，也许有人会觉得不以为然，但试想在帝王以天子自居的旧时代，有谁敢说：我与天子平等无二？死后一样，并无二致？可见，佛教宣扬的众生平等思想，具有一定的超前性。给苦难的生灵以慰藉，使人对未来怀有期待，这也恰恰是佛教能够在汉地落地生根、开花结果的根本原因。

故事在情节上和本书第三十九篇中小鸟听经、往生天界、撒花谢恩的描写基本一致，都采用了拟人化的手法，人与动物相合、人与神相续。蛤蟆的死去并没有给人以悲哀之感，反而令人感到一种亲切自然、超然物我、万物和谐的情趣。

六十一

兄 弟 喻

【题解】

这篇故事写的是兄弟两人生前志趣各异，往生后去处有别，表现了佛教业力不失、因果报应的喻理。

【经文】

昔有兄弟二人。弟行追明师作沙门，遂得罗汉道，数数来语兄："可勤作福德。"兄言："我今匆务，且须后耳。"数数非一，兄后命终。弟以道眼观兄，神[1]生何道。看天道、人道，其中不见其神。复观地狱、饿鬼道中，复不见。乃在畜生道中，见兄神作大牛。

时贾客驾牛治生，道恶跌[2]泥中，不能自起。贾客以杖打之，犹复舒咽不起。弟见兄如此，迳来在牛前，语兄言："今日匆务，何如本时？"牛便羞惭，感绝而死。道人即去，众贾人等便共议言："道人何故，来咒杀我牛？"便追逐道人，将还问其意状。道人如事为说："牛是我兄。不随我语，以致此罪。"道人便掷钵虚空，飞随其后。众贾人知是圣人，乃更自责。为牛烧香作福，其福得生天上。

【注释】

[1] 神：神识，此为早期汉译，指业缘即业力流转。

[2] 跌（fú）：本文指滑倒。

【译文】

兄弟二人的比喻故事

从前有兄弟俩。弟弟出家修行追随明师作了佛弟子，随后证得了阿罗汉道果。他几次三番来看望哥哥，并对他说："你应该勤奋努力，修福积德。"哥哥总是说："我现在有许多事情要做，等以后再说吧。"不止一次地这样说道。后来哥哥去世了，弟弟以天眼通观察，想看哥哥的业识往生何处。可是遍察天道、人道，都没看见哥哥的业识。又察看地狱、饿鬼道，也没有看见。后来在畜生道中，看见哥哥变成了一头大牛。

当时商客驾着一辆牛车做生意，道路不平，牛跌倒在泥中，自己站不起来。商客便用手杖捶打，牛喘着粗气仍然无法站起来。弟弟看见哥哥这般情形，就径直来到牛的面前，对哥哥说："我现在有许多事情要做，等以后再说吧。"牛便知晓其前生之事，十分羞愧，感慨不已，绝望而死。出家人随即离去，商人们便议论说："出家人因为什么，来咒杀我的牛呢？"便赶快追上出家人，向他询问事情的原委。出家人如实说道："牛前生是我的哥哥，由于不接受我的劝诫，所以招致如此的罪业。"出家人便把食钵抛到空中，随钵腾空飞行而去。商人们知道了这是一位圣明的人，就对自己一味地赶牛做生意感到很自责。于是为牛烧香祈福，祈福牛得以往生天上。

【辨析】

这个故事的情节和《杂譬喻经》第十一篇《兄弟异志喻》相近，所不同的是兄弟二人的身份正好相反。而且本篇情节简单，采用了一褒一贬的表达方式，褒扬了弟弟出家，修成正果的大道；讥刺了哥哥只忙于操持家业，往生后却变成了一头牛，最终不堪困顿，死于羞愧。但变成牛的哥哥最终还是在商人的祈福中往生到了天界，是一个圆满的结局。

故事中哥哥的话语"我今匆务，且须后耳"的描述给人以提示。生活中有太多的事情，让我们放不下来。总是推说：今天太忙了，等以后有时间了再说吧。故事中出家的弟弟对哥哥十分关心、牵挂，即使哥哥去世后，还惦记着他，一心要帮他。这不由地使我想起不久前自己因病去世的哥哥。他是一位残疾人，后又患上了糖尿病，因此不足五十八岁就离世了。手足之情总是让人难以释怀，孩提时代我们一起捉知了、养小鸡、斗蟋蟀的情景常常浮现在眼前。和那个时代的人一样，他虽然没有上过高中，但 1978 年，他比我早一年考上了大学，这对我这个初中都没上完的人来说，是极大的鼓舞。后来哥哥的家庭也不如意，一直一个人生活加上有病，就早早病退在家，我虽然也一直关心和照顾他，但有时也会因为"我今匆务，且须后耳"，没能给他更多、更好的照顾。今日思之，感慨万千。昨日已去，明日未知，人能把握的唯有当下，期望我们每个人都能做好自己现在所能做到的事，不要留下"日日待明日，万事皆蹉跎"的缺憾。

六十二

守 戒 喻

【题解】

本篇以因前世杀生未得到出家人劝诫，而后世做鬼报复的故事，阐发了修行必须严守戒律的喻理。

【经文】

昔有贤者，居舍卫国东南三十里。家门奉法，供养道人。家公好喜杀猪卖肉。道人渐渐知之，未及呵诫。老公遂便命终，在恒水中受鬼神形。有自铁轮，锋刃如霜雪，随流刺之，苦痛不可言。

后日道人渡恒水，在正与鬼神相值。其鬼便出半身在水上，捉船顾言：“捉道人着水中，不者尽杀船上人。”时有一贤者，便问鬼神：“何以故索是道人？”鬼神言：“我在世间时，供养道人。道人心知我杀猪卖肉，而不呵诫我。是以杀道人耳。”贤者便言：“君坐杀猪，乃致此罪。今复欲杀道人，罪岂不多乎？”鬼神思惟，实如贤者之言，便放令去。道人得去，还语其家子孙：“为作追福[1]。神即得免苦。”

示语后世人：道人受供养不可不教诫。

【注释】

[1] 追福：为死者举办法会，布施做功德，祈祷冥福。

【译文】

出家人要守戒律的喻理

从前有一位贤明的人，住在憍萨罗国都舍卫城东南三十里的地方。家人信奉佛法，供养出家人。但这家的老翁却从事杀猪卖肉的营生。后来出家人知道了，并没有及时劝诫。致使老翁因杀生死后转生在恒河中变成鬼神。转动的铁轮和锋刃如风霜雪雨，不断地随着流水割刺鬼神的身躯，其痛苦不可言喻。

后来有一天，出家人外出渡过恒河时，在河中正好与鬼神相遇。鬼神便将半身露出水面，抓住船对船主说："把出家人扔到水中，不然，我就杀尽船上的人。"这时有一位贤达的人，便问鬼神说："为什么要把出家人扔下去呢？"鬼神说："我在人间时，供养这位出家人。出家人明知我杀猪卖肉，而不劝阻我。所以要杀了他。"贤达的人便说："您过去杀猪，才招致今日之罪。今天又要杀出家人，罪业岂不又多了？"鬼神心想，这样做确实如贤达者所说，便把船放了。出家人回去后，对老翁家的子孙说："要为故去的老翁布施做功德。这样河中的鬼神就可以免除痛苦。"

故事用以启示后人：出家人接受供养不可不依据教义，劝诫人们修善积德。

【辨析】

这篇比喻故事和本书第三十篇《屠儿父死作鬼喻》的内容大致相同，但理趣却有所不同。屠《儿父死作鬼喻》通过屠夫虽供养出家人，但转生成鬼尚知杀生时未受到劝诫，从而追索出家人过失的描述，宣扬了佛法善恶有报、业力不失的教义。本篇意在：出家人接受了供养就应该依据教义，劝诫人们修善积德。其喻指的对象是不严守戒律的出家修行者。出家人因受了施主的供养，就对主人的"劣迹"采取了"睁一只眼，闭一只眼"的态度，从而说明僧人如不能够制止违反戒行的行为，也会受到恶报。

故事中的"河鬼"形象塑造得很有个性。他把死后遭受的恶果归之于受了他供养，却不对其生前的行为加以制止的僧人身上。这也符合人性的弱点，出了问题往往到别人身上找原因，而不是反省自身。但他同时又能接受教诲，所以当贤者提醒他"君坐杀猪，乃致此罪。今复欲杀道人，罪岂不多乎"时，鬼神思之，"实如贤者之言，便放令去"。其行为表现合情合理，也使读者为之释然。

六十三

鞭 尸 体 喻

【题解】

本文通过对"鞭尸"和"抚尸"这种荒诞离奇行为的叙述描写，表达了佛教劝善惩恶的喻理。

【经文】

昔有人在道上行，见道有一死人，鬼神以杖鞭之。行人问言："此人已死，何故鞭之？"鬼神言："是我故身，在生之日不孝父母；事君不忠；不敬三尊；不随师父之教。令我堕罪，苦痛难言，悉我故身，故来鞭耳。"

稍稍前行，复见一死人，天神来下，散华于死人尸上，以手摩挲[1]之。行人问言："观君似是天，何故摩挲是死尸？"答曰："是我故身，生时之日孝顺父母；忠信事君；奉敬三尊[2]；承受师父之教，令我神得生天，皆是故身之恩，是以来报之耳。"

行人一日见此二变，便还家奉持五戒[3]，修行十善[4]，孝顺父母，忠信事君。

示语后世人：罪福追人，久而不置，不可不慎。

【注释】

［1］摩挲（suō）：抚摩，指恋恋不舍的神态和举止。

［2］三尊：指佛、法、僧。

［3］五戒：指信守佛教不杀生、不偷盗、不邪淫、不妄语、不饮酒的戒律。

［4］十善：即不杀、不盗、不邪淫、不妄语、不两舌、不恶口、不绮语、不贪、不瞋、不愚痴。

【译文】

鞭打死尸的比喻故事

从前，有一个人在路上行走，看见路边有一具死尸，鬼神正以手杖抽打。行人问道："这人已死了，为什么还抽打呢？"鬼神说："这是我已故的身体，在有生之日不孝敬父母；对国家不忠诚；不恭敬佛、法、僧；不听从师父的教诲。使得我死后堕入罪恶的深渊，痛苦不堪，这都是过去的我所造成的，所以来抽打他。"

行人又往前走了一会儿，又看见路边有一具死尸，天神从天而降，撒天花于死尸上，并以手抚摩。行人问道："看您好似天上的神人，为什么抚摩这具死尸呢？"神人回答说："这是我已故的身体，在有生之日孝敬父母；忠于国家；供奉恭敬佛、法、僧；听从师父的教诲。使我死后得以往生天界，这都是已故之身的恩德，所以来报答他。"

行人一天之中看见这两种不同的情况，还家以后便供奉佛法，遵守五戒，修行十善，孝顺父母，忠于国家。

故事用以启示后人：罪业和福报永远追随人的行为，长久而不失，因此做人做事不可不谨慎而行。

【辨析】

这篇比喻故事和《旧杂譬喻经》第五十一篇《魂摩故骨喻》有重叠的部分，但内容更丰富、情节更完整。其中"鞭尸"的部分是《魂摩故骨喻》中所没有的。

本篇在内容上，一方面表达了对"生之日不孝父母；事君不忠；不敬三尊；不随师父之教"者的鞭挞，反映了作恶则来世做鬼都不能原谅和宽恕自己，体现了业力不失的喻理。另一方面表达了对恪守十善、修行佛理者的深切怀念和真诚敬意。在"为恶鬼打"与"为善天抚"的强烈对比中，凸显了扬善惩恶的喻理。

本文对"鞭尸"和"抚尸"的描写通过行动和对话，调动了人的经验理性和感受，使人如临其境如见其状。尤其是撒天花、以手"摩挲"的描摹，把对生者的感念，死后往生的祝福都凝结在"摩挲"两字之中。作者以信仰者的丰富想象，完全改变了人在面对一具尸骨时的惊惧心骇之状，变成了对死者生前的追忆。这种追忆模糊了生死界限，通过生者和死者之间的心灵对话，把阴阳两界有机地联系在一起，显得从容、自然、真切，寄寓着深刻的哲理，耐人寻味。

六十四

舍米得报喻

【题解】

本篇通过供养僧人得福报的故事，阐发了积福修德的喻理。

【经文】

昔有道人，在山中学道。人遣沙弥出舍卫，日日责一斗米，兼课一偈。市中有一坐肆贤者，见沙弥并语而行，问沙弥言："周行走索，何以并语而行？"沙弥答言："我师在山中学道，日责我米一斗，兼课一偈，是以并行诵一偈耳。"贤者复问："若不输米，日可谘[1]几偈？"言："可谘十偈。"贤者便言："勿复分行，吾自代沙弥输米。"沙弥欢喜，即得静坐学问。贤者为沙弥输米九斛米，然后试沙弥经，皆自通利。

贤者后生世间，为天尊作弟子，字名阿难。天尊有十二部[2]经典。聪明之福报，不可谓问一知十。

示语后世人。福德随身如影随形。随人所种各获其福。不可不为。

【注释】

[1] 谙（ān）：了解、熟悉、精通。

[2] 十二部：佛典的分类，指契经、应颂、授记、讽颂、自说、因缘、譬喻、本事、本生、方广、希比、论议。其中契经（用散文写的经文）、应颂（用诗句重复义理）、讽颂（用诗句写的经文）是指佛经的体裁，其余皆是根据经文的内容而确立的名称。

【译文】

施舍米得福报的比喻故事

从前有一位出家修行的人，在山中修学。他派小和尚每天到舍卫城，乞米一斗回来，然后教给小和尚一首禅诗。城里的集市中有一位开店铺的贤达之人，看见小和尚一边走一边念诵佛经，就问小和尚说："你往返行走乞米，为什么一边走一边还念念有词？"小和尚回答说："我师父在山中修行，每天让我乞米一斗，并教我禅诗一首，所以边走边念。"贤达之人又问："如果你不需要乞米，每天可以背诵几首禅诗？"小和尚说："可以背诵十首。"贤达之人便说："你不要再分心行乞了，我每天给你一斗米。"小和尚听了十分欢喜，随即得以静坐禅观，修学佛理。贤达之人为他交上了九十斗米，三个月后进行检查，小和尚学的，都能流利地背诵下来。

贤达之人死后转生到人间成为佛陀弟子，名叫阿难。佛经十二部，阿难皆知晓精通，可谓问一知十。这就是他得到的聪明的福报。

故事用以启示后人：福德于人，如影随形。根据人所做的各种善行获得相应的福报，所以不可不行善积德。

【辨析】

这个故事和本书第十四篇《诵经得福喻》中的第一部分内容相近，可参看前文。此外，本篇的表达方法还有如下特点：

一是偈言，偈是佛经中可吟唱的颂词，有两种形式，一种是用诗句重复归纳佛经的内容，起到强调作用；另一种则是直接用诗句写成的佛经，一般以五言形式出现。具有韵文文学的表达效果，读起来抑扬顿挫、朗朗上口，便于记诵。如《金刚经》中"一切有为法，如梦幻泡影。如露亦如电，应作如是观"。本文中明示师傅给小和尚"日课一偈"，也应看做针对"沙弥"尚未成年的特点所采取的因才施教的方法。

二是巧妙地运用了数字计算，加深了读者的印象，如从小和尚一天一斗米，"诵一偈"，到小和尚一天"可谙十偈"；那么九十斗米，九十天就是九百偈。真是不算不知道，一算吓一跳。通过具体的数字不仅体现了佛典的博大深厚，而且还隐喻修学佛法无止境以及法海无边，深藏无穷智慧之意。

三是多重比喻，内涵丰富。明喻修福积德，如影随形；隐喻业力不失，善恶有报；暗喻好人有好报，信佛有正果。借此把修行的人——师父、学佛的人——沙弥、敬佛的人——贤者联系在一起，和谐自然，相辅相成。

六十五

牛愚痴喻

【题解】

本文以牛喻人，表现了佛教度己度人的教义。

【经文】

昔有屠儿，有千头牛养令肥好。日杀一牛卖肉，以杀五百牛，余有五百头。方共跳腾諠[1]戏，共相抵触。

天尊时入国，见牛如此，愍而舍去。语诸弟子："此牛愚痴，伴侣欲尽，方共戏諠。人亦如是：一日过去，人命转减，不可不思惟勤求度世之道。"

天尊说阿育王譬喻经。

【注释】

[1] 諠（xuān）：同"喧"，指呼叫，声音杂乱。

【译文】

牛愚痴的比喻故事

从前有一位屠户，养有一千头牛，个个膘肥体壮。每天杀一头牛，将肉卖掉，已经杀了五百头，还有五百头牛。剩下的牛每天照样以牛角互相抵触，嬉戏喧闹。

这时佛陀来到这个国家，看见牛群这样，心中十分哀悯，离开之后，佛陀对弟子们说："这些牛如此愚痴，伙伴都快要被杀光了，还一起嬉戏喧闹。人也是如此：每过去一天，人的生命就会减少一天，不可不认真思考勤修教义，度脱世间苦难的佛理。"

以上就是佛陀所说的《阿育王譬喻经》。

【辨析】

以牛喻人，这样的表达方式并不少见。而本文则以整个人生为落脚点。

佛陀看见牛群的数量从一千头，减到五百头。牛的同伴少了一半，而牛群依然嬉戏喧闹。牛可以不知，但人岂能无动于衷？看到这一情形，顿生悲悯之心，"愍而舍去"，这体现了佛陀的慈悲情怀。继而以"一日过去，人命转减"，揭示出人生苦短，朝如青丝暮成雪，以及时不我待，去日无多的人生现实。

本经表现的是佛陀对世间一切生命所怀有的大悲之心，历沧桑、数度磨难，以及亲人的相继离世，使他深感岁月无常，从而发出"不可不思惟勤求度世之道"的呼唤，这绝不是那种"少年不识愁滋味，爱上层楼，爱上层楼，为赋新词强说愁"的矫情，而是对弟子们的谆谆教诲，是从内心深处涌出的肺腑之言，其悲悯之情远非笔墨所能形容。佛陀在他生命的弥留之际，在床榻前还为弟子们讲完了他人生的最后一部经典《佛遗教经》，就是最有力的诠释。

后　记

本书是笔者承担的教育部社会科学基金项目"佛教比喻经典注译、评介、辨析与研究"的研究成果之一，为《佛教比喻经典丛书》中的第四本。能从事"佛教比喻经典注译、评介、辨析与研究"的工作，是我多年以来的心愿。完成这一任务，对我来讲是一种"加持"和"增上"的殊胜因缘。

当夜阑人静，窗外子夜的星光，已经被校园外依然闪烁的霓虹灯和电子大屏幕的灯光掩去的时候，也往往是我工作开展最顺利，并渐入佳境的时候。在又一个长安六月天，又一个"乱花渐迷游人眼"的季节，如期杀青《众经撰杂譬喻注译与辨析》一稿，也使我们又一次从心底泛起阵阵"轻安喜乐"的惬意，在写作的过程中，那种时不我待的感受常常在督促着我。

本书在出版时，曾得到师兄、陕西省社会科学院宗教研究所王亚荣研究员，同年学长、中国社会科学院学部委员、宗教研究所魏道儒研究员，师弟、西北大学佛教研究所所长李利安教授的热情鼓励，在此谨致谢意。

感谢中国社会科学出版社同仁们的热情帮助；衷心地感谢黄燕生学长的举荐并作了许多前期的出版工作，提出了很好的建议；策划胡靖先生、特邀编辑林福国先生心细如发，为本书的出版提出了许多宝贵的修改意见，做了许多工作。值本书付梓之际，谨致诚挚的敬意。衷心地期望本书能得到读者的喜爱。

荆三隆记于 2012 年 9 月

怡然书斋